宇宙がドン引きするくらい
素敵に生きてもいいじゃんか！

# 好きな仕事で お金を受け取る冒険の書

中村咲太

KADOKAWA

# はじめに

僕はこの本を　本だと思って書かないことにする

これは僕なりのアートの時間

音のない　言葉だけの世界で
今日は「新時代を担《にな》う未来人」としての生き方の話を
1つの作品のように創《つく》っていきたい

ここで話すのは「お金」と「お仕事」のことと見せかけて
地球に天国を創る「魂たちの待ち合わせ」について

もしもあなたが
人生という宝物を通して

ワクワクな世界を描く遊びを望むなら
この本を手に取ったことは
あなたの中にある「未来人のスイッチ」を
発見するきっかけになると思うんだ

さぁ　そろそろ本書という僕なりのアートの時間は
始まりのときを迎える

「新時代への扉」を　僕もあなたと一緒に開いていく

未来に進む準備はいい？

**宇宙がドン引きするくらい**
**愛にあふれた人生を描こう！**

CHAPTER 1

# アトランティスの記憶を活かす

9

CHAPTER 2

## お金の叡智
～お金はみんなのもので、いつも豊かに存在している～

CHAPTER 3

# お仕事の叡智

## ～好きなお仕事で地球に天国を創る～

57

CHAPTER 4

## つながりの叡智
～自分をさらけ出すと「ファミリー」に出会える～

装丁　西垂水敦・小島悠太郎（krran）
装画　モナカ
本文デザイン・図版・DTP　PETRICO
校正　東京出版サービスセンター
編集協力　林美穂
編集　伊藤頌子（KADOKAWA）



## CHAPTER 5 すべては目醒めのために

CHAPTER

# 1

# アトランティスの記憶を活かす

本質の世界に惹《ひ》かれる人は
スピリチュアルな知識を使って
一般的な常識を超えていく

でも　この地球で本当に目醒《めざ》めていく人は
スピリチュアルな常識すらも超えていく

これから多くの地球人は
これまで認知してきた宇宙の話の
そのさらに奥地へとアンテナを伸ばし
新たな叡智《えいち》を知っていくことになる

だから今は
これまで使ってきたスピリチュアルな知識も常識も
いったん置いておこう

**まずは「あなた」という偉大な神様の本心に**
**耳を傾けてほしいんだ**

あなたは何をしたくて地球に生まれてきたの？
あなたはどんな美学を持っているの？
あなたが本当に大切にしたいことって何？
ぶっちゃけていうと　あなたはどうしたい？

**頭ではなく**
**ハートの声と感覚で**
**自分のことを大切にしてあげる時間は**
**極上の探求の1つ**

これまでのスピリチュアルな知識もすごく素晴らしいんだけど
その外側に飛び出していく魂が
これから地球にはたくさん出てくる

もしもあなたが
「宇宙がドン引きするくらい　愛にあふれた人生を描く」
「キラキラと地球で遊ぶ」
ということに惹かれるならば
何よりも大切なのはあなたの真実の想いなんだ

あなたの想いはこれまでのスピリチュアルな知識を超える
偉大な魔法だって知ってた？

地球は今　大きな変革期を迎えているよね
ハイヤーセルフの意識へと地球で目醒めていく人たちは
この惑星をだんだんと天国のように創り変えていく

それを創るのは
どこか外からやって来た宇宙人でも神様でもない

彼らは最高の応援はしてくれるけど
地球を天国にしていく力を持っているのは地球人なんだ
つまり　あなたなんだ

**魂からくる想いを**
**この地球で表して生きていくことで**
**だんだんと　この惑星の社会は天国化していく**

ここからラストページまで
地球に天国を創っていくあなたの「魂の遊び」を
僕なりの言葉で思いっきり応援させてもらうね！
あなたがそれを受け取ってくれても　受け取ってくれなくてもオッケー
すべてはあなたに任せるから

## 新しい地球への冒険はもう始まっている！

今、世の中はとても大きな変革期を迎えています。そのように肌感覚として感じている人は多いのではないでしょうか。それは、僕たち人類が暮らしている地球が大きな変革期にあることと無関係ではありません。

僕の本を初めて手にしてくれた方のために、少し説明させていただきます。
僕はチャネリングで宇宙の存在と常日頃から交流しています。彼らによると、実はこれまで3次元と呼ばれていたこの地球は、4次元を超えて、5次元という自由な領域へのアセンションの真っ最中です。アセンションとは「次元上昇」ともいわれます。意識が変容して自分の放つ波動が上がり、認識や体験できる世界（次元）が拡大することです。
**僕たち地球人は地球の変化に連動しています。ですから、意識の拡大を望む人たちは、地球と一緒に5次元へとシフトしていく道を選ぶことができます。**

では5次元へ完全に移行すると、この地球や僕たち地球人はどうなるのでしょう。

これまで僕たちは、無限の可能性そのものである自分の本質を忘れて、「眠った意識」で生きてきました。本当の僕たちは「やりたいことは何でもできる」「なりたいものは何にでもなれる」「行きたいところにはどこでも行ける」存在なのに、それをすっかり忘れて、「やれない、できない」と感じる場面をたくさん経験してきました。しかも、それが普通だと思っていたのです。

でも、**地球のアセンションとともに僕たちの意識が変容して波動が上がると、ふたたび自分の中の無限の可能性を思い出していくようになります。**このことを、僕は「目醒め」と呼んでいます。

## 2038年には世界がガラリと変わっている

今後のアセンションのスケジュールは、いくつかの種類があるため、今のところ可能性が高い流れについて、今からお伝えしますね。

2033年頃、地球は高い波動を安定させるタイミングを迎えます。

2038年を超えると、地球はまったく新しい星に生まれ変わったと感じるようになるでしょう。

つまり僕たちは、目醒めのプロセスを体験している真っ最中なのです。

それにともない、今後の社会では、これまで常識とされていたことが一気に覆《くつがえ》されたり、想像し得なかったようなことが起きたりするかもしれません。でも、それに驚かないでください。むしろそれらは、この地球がだんだん心地のいい自由な場所へと変化していくきっかけなのです。

## 「目醒め人」は地球に天国を創るフェーズに入っている

お仕事でも、プライベートなお付き合いでも、僕は「目醒め」を選択したたくさんの「目醒め人」と日々接しています。この数年間で、意識的であれ、無意識的であれ、目醒めを選択した人がものすごく増えているのを実感します。

目醒めという言葉を知らず、偶然この本を手にしただけの方もいるでしょう。またスピリチュアルな学びをしていない人の中にも、目醒め人はたくさんいるものです。地球のアセンションが加速する中で、本当の意味で自由を大切にする人、自分の内面にある無限の可能性を信じ始めている人がすごい勢いで増えているのを、僕は確信しています。

無限の可能性とは、あなたの持つ光そのものです。多くの人々が内面の光を使って、世界を創造し始めたら、これからの地球はどんな変革の道を辿ると思いますか？

自分の中の無限の可能性を思い出すとは、ハイヤーセルフという「本当の自分」としての意識を思い出すことでもあります。

僕たちの無限の可能性を、この地球で思いっきり発揮したら、どんなに豊かな世界を生み出せるか。そう考えると、すごく楽しみですよね。**無限の可能性を発揮するとは、自然とこの現実世界で自由にクリエイティビティを発揮して、地球に天国を創っていくことも意味しています。**

この惑星で、たくさんの目醒め人のみなさんと、調和に満ちたワクワクな世界を見ることが、僕は楽しみです。

もう地球の「眠りの時代（制限を体験して学ぶ時代）」は終わりました。

目醒めていくことを決めた魂たちは、自分の中の無限の可能性を思う存分発揮していく。そして地球に天国を創っていく。そんなフェーズに入っています。

僕たちがハイヤーセルフとしての意識を思い出すための雄大な冒険は、すでに始まっているのです！

## ✳肉体を持ったままアセンションを体験できる

地球は物理次元の惑星ですから、僕たちが目を醒まして意識が変わっていくと、生み出されるものも変わってきます。**でも、お金やお仕事には、「眠り」の時代につくった誤解が、たくさん詰め込まれています。**

あなたは、「好きなことをして生活できる人は一握り」「お金を稼ぐことは大変なこと」と、思ったことはありませんか？　それが悪いのではありません。制限やネガティブな感情を含んだ周波数で現実を創造することは、これまでの「眠り」の時代の地球ならではの経験でした。「眠り」の時代の地球は、そういった制限を楽しむテーマパークのようなところだったからです。

ところが今、地球という惑星は「目醒め」のプロセスにあり、どんどん生まれ変わっています。それにともない、僕たち地球人の変容も始まっています。地球は、物理次元の肉体を持ったまま、「目醒め」を体験できる惑星になってきているのです。

この地球で肉体を持っているからこそできる経験は、地球人特有のものです。僕はチャネリングでいろいろな惑星の人とお話ししますが、**地球人のようにしっかりした肉体を持つ存在は少なくて、体内の光の保有率の高い「半肉体」や、肉体すらも持たない意識だけの存在も多いです。**

地球人ほどしっかりとした肉体があると、何を経験するにも深いリアルさが得られます。たとえば、友だちから「大阪のたこ焼きは、お出汁《だし》がきいていてすごくおいしいんだよ」と聞いて味を想像するのと、実際に大阪に行ってそのたこ焼きを味わうのとでは、リアルの度合いがまるで違います。

そもそも僕たち地球人は、肉体があるからこそ食べることができます。肉体がなかったら、口いっぱいに頬ばることはもちろん、香りや温度や、食感や風味を感じるというプロセスも発生しません。ただ「おいしい」という周波数を感覚的に捉えるだけです。

ただし、肉体を持つからこそそのリアルさを、僕たちは「大阪のたこ焼きはおいしい」みたいな楽しいことだけに使っていたわけではありません。ハイヤーセルフという無限の可能性である僕たちは、眠りの惑星だった地球からネガティブな周波数をレンタルして、「できない、やれない」と自分の可能性を否定するなど、ネガティブな現実の臨場感も深く味わってきました。でも、「眠りの経験はもうお腹いっぱい」「できない、やれないはもうじゅうぶんに体験した」と思っている魂が、今、続々と増えています。

あなたはどうでしょう。「あと1回でいいから打ちひしがれるような経験をしたい」と思いますか？　「不安」「恐怖」などのネガティブな制限の感覚を、まだ繰り返したいでしょうか？

山あり谷ありの波乱万丈な生き方が好きな人もいます。それを否定したいわけではありません。でも、「あともう少し眠っていたいです」「まだ絶望していたいです」という人は以前より減ってきているように感じます。

**僕たち人類の中には、眠った生き方に「ごちそうさま」をして、自由な自分に戻るプロセスをすでに歩み始めている魂も多くいるのです。**

## 自分の発する周波数が現実をつくっている

ここで目醒めていく魂にとって、とても大切な話をします。これを無視してしまうと、ハイヤーセルフの意識への目醒めは起きません。どんな話かというと、**あらゆる物質や現実的な出来事は、すべて自分の周波数（感情）がつくっているということ。**

だから、たとえば「迷惑をこうむった」という表現があるけれど、「あの人のせい」といえることなど1つもありません。「迷惑をかけられる」という周波数を自分が使っていたから、その現実が映像のように映っているだけなのです。

ある景色を見て「神秘的」な気持ちになった人は、「神秘的」という周波数を使って、その景色を現実化しています。だから神秘的な景色に感じるのです。

人間関係のすれ違いで、「悲しい」という気持ちになった人は、「悲しい」という周波数で、その人間関係のすれ違いを現実に映しています。そうやって僕たちはいつも、すべての現実を自らつくって生きています。

これまでの時代では、眠った意識で現実をつくってきたので、制限を体験する現実も多く起きていました。しかし「目醒め」を選んだ魂たちはだんだん、眠った意識での現実づくりを、それぞれのペースで卒業していきます。むしろ、自分にとって天国と感じるような現実を創るほうが自然になっていくんです。

目を醒ましていく人たちが増えると、自分の中にも、他の目醒め人の中にも、調和が満ちてきます。その調和の周波数を使って、みんなで現実をつくり始めます。調和に満ちた人たちが増えていくと、その調和の周波数で社会がつくられ、新しいしくみや新しい考え方のもとで新しい学校や会社ができていく。そうやって、この地球上に天国のような世界が創られていくのです。

世の中を見ても、ここ数年、硬い周波数でできた古い時代の産物が次々に終わりを迎えています。今まで存在するのが当然で、なくなるなんて疑いもしなかった組織。システムや常識。そうしたものが、まるでリセットされるがごとく姿を消しています。

終わっていくものを惜しむよりも、むしろ「ありがとう」と感謝で見送って、その空いたスペースに、自分が天国だと感じる世界を新たに創造していく。今はそんなタイミングだと考えます。

## お金やお仕事の見方を変えて、地球に天国を創る

いよいよ本題です！

物理次元のこの地球に天国を創っていくには、あなたがどんなお仕事をして、どんなふうにお金を受け取っていくかという現実的なところも、1つのポイントになります。もち

ろんお仕事をしていなくても、みんなで天国のような調和した地球を創っていきます。

本書ではその中でもお金とお仕事という角度から、地球に天国をデザインしていく話をしていきます。

僕がお金やお仕事について詳しくお話しする機会は、これまではあまりありませんでした。でも今、地球のアセンションが加速して、世の中が日に日に変容していくさまを見ていて、お金やお仕事の本質について、目醒め人のみなさんとシェアしておきたいと思ったのです。

なぜならば、僕たちは今までであまりに深く眠ってきたから。眠りの世界のお金やお仕事についてしか知らなかったからです。

そして、眠りの世界のお金やお仕事の常識や概念をなかなか手放せず、1歩が踏み出せなかったり、堂々巡りをしていたりすることがあるからです。

これまでは、ネガティブな周波数をたくさん使って、自分の可能性に蓋をしてきたかもしれません。でも、本来の僕たちはそうじゃないんです。

僕たちの魂は、無限の可能性に満ちています。とっても軽やかです。**そんな魂の望みと一致した、自分にとって人生をかけて取り組むにふさわしいお仕事をしながら、豊かさを**

**循環させていくこと。**そんな経験を通して、本当の自分に目を醒ましながら、僕たちはこの地球に天国を創っていくのです。

## ✴ レムリアとアトランティスの過去世

これから、お金やお仕事の本質について、いろいろな角度からお話ししていきます。ここで、あなたに思い出してもらいたいことがあります。あなたの中に眠っているレムリア性とアトランティス性です。

ずっと昔のことですが、世界には今の文明とは異なる古代文明がありました。日本には縄文文明もありましたね。

当時はレムリア大陸とアトランティス大陸という、世界の双璧をなすような2つの大きな大陸があって、それぞれの大陸ではレムリア文明、アトランティス文明という高度な文明が築かれていました。

**僕たち地球人の多くは、輪廻転生をして、レムリア人だった過去世も、アトランティス人だった過去世も、両方とも持ち合わせています。**僕自身も、たとえばレムリアでヒーラーやチャネラーをしていた過去世があり、アトランティスで神官だった過去世があります。

このように、レムリアとアトランティスのどちらも経験している人がほとんどです。

## 愛と調和のレムリア、大変革と現実強さのアトランティス

レムリアとアトランティスは、ともに高度な文明です。でも、エネルギーの質は全然違います。

レムリアのエネルギーは、癒やしに満ちた、愛や調和においてプロフェッショナルなエネルギーです。そして、非常に高い浄化力を持っています。それは本質の自分に目醒めるほど高い浄化力なので、「目醒め」を後押ししてくれるようなエネルギーともいえます。

スピリチュアルな世界に興味がある方は、無意識でも愛や調和というエネルギーにアンテナを高く持っているので、レムリアのエネルギーを優先的に発揮している方が多かったりもします。

アトランティスのエネルギーは、大変革、現実強さという特徴があり、テクノロジーを得意分野としています。なので、社会的に重要な変革をもたらす会社や、テクノロジー系の会社の社長さんや、そこにお勤めしている人たちを見ると、アトランティスのエネルギー

が優位な人が多かったりします。

どちらがいいとか悪いとかではありません。またお伝えしたように、基本的に僕たちには、双方のエネルギーが内在しています。

**「どちらの文明からも輪廻転生していません」という人がいたとしても、それらのエネルギーの影響は確実に受けています。**

たとえば、iPhoneのような最先端のデジタルツールには、アトランティスのエネルギーが入っていることが多いです。上質な麻や綿を用いた優しい風合いの布には、レムリアのエネルギーを感じます。アトランティスとレムリア、両方のエネルギーを持っているものもあります。

僕たちの魂が綿々と生まれ変わりの旅を続ける中で、レムリアやアトランティスのエネルギーを持つさまざまな物質やサービスに触れ、僕たちはそのエネルギーから無意識であっても影響を受けて生きています。

逆にいえば、人類のほとんどの中に、レムリアとアトランティスの記憶があるため、無意識でそのエネルギーを使って、ものをつくったり、サービスをつくったりしてきたともいえます。

仮に自分が古代文明での輪廻を経験していなくても、ご先祖さまが持っている古代文明の記憶を肉体に遺伝させているので、基本的にはほとんどの人が、レムリアとアトランティスの両方の記憶を、自分の中に持っているといえます。ということは、あらゆる人類のDNAに、両方の情報がすでに入っているといえそうです。

## 自分の中のレムリア性とアトランティス性の統合

なぜ今、このアセンションのタイミングで、自分の中のレムリア性とアトランティス性に注目してほしいのか。それは、**僕たちが過去世でやり残したレムリア性とアトランティス性の「統合」を果たすことが、目醒めて生きるにはとても大切だからです。**

統合とは、ハイヤーセルフの自分のものではない「重たい周波数」を手放して、愛と可能性そのものの意識へ戻ることです。統合について詳しく知りたい方は、『僕が宇宙の仲間に聞いたこと』（KADOKAWA）をご覧ください。

宇宙には2万6千年のサイクルがあり、地球もそれと連動しています。そのサイクルの中には、1万3千年の「目醒めのサイクル」と1万3千年の「眠りのサイクル」の2つの状態があって、宇宙はその双方を行ったりきたりしています（ただし、目醒めを選ぶか、眠りを選ぶかは個々の魂の選択次第です）。

僕たちは今、1万3千年の眠りのサイクルから、次の1万3千年の目醒めのサイクルへの移行のタイミングを迎えています。なのでこのタイミングで目醒めを選ぶ魂が増えているんです。ちなみに宇宙が目醒めのサイクルに入ったからといって、すべての魂が目醒めを選ぶわけではなく、「もう少し、眠りを体験したい」という魂は、目醒めのサイクルであっても、眠った生き方を続けることを選べます。

2万6千年前のレムリアとアトランティスも同じような状況を迎えていました。宇宙が、眠りから目醒めへとサイクルを変えたとき、レムリアの人たちも、アトランティスの人たちも、今の僕たちのように「波動を上げていきますか？　どうしますか？」と選択を迫られていました。

簡単にいうならば、そこで「もう少しだけ眠りを選ぼう」という選択をしたのです。せっかくハイヤーセルフから波動を落として、ここまで眠りの探検をできたから、もう少しそれを続けたいということを希望したのです。

そして両者の大陸はさらに波動を落としながら、争いを起こすこととなりました。

対立の理由を簡単に説明します。

当時の両者は初期の文明よりも波動を落とすということに成功していました。レムリア人はとても優しい反面、波動を落としたという要素が加わったため、自分たち以外の小さな文明の人たちも誰1人として取りこぼすことなく一緒にアセンションしたい、ということに執着していきました。

しかしアトランティス人は、「それは彼ら自身が決めることだ」と主張しました。誰かを「救いたい」「助けたい」と思うことは、相手を自分より下に見て、その力を信じていないことになるからです。

誰かを救い、助けることは真実の愛なのか。この点で、レムリア人とアトランティス人は対立したのです。しかもアトランティス人も波動を落としていたこともあり、その主張は丁寧というよりは荒々しいものでした。

対立した原因はその他にもありますが、結果として、レムリアとアトランティスは、「分離」を深めました。両者とも最初はアセンションを望む気持ちはあったものの、結果的に争いという行動が「眠り」を選ぶ決定打となりました。逆にいえば、「まだ眠っていたい」という潜在的な希望が、この争いに発展したのです。

詳しくは割愛しますが、神々の判断によって、やがて両者は滅亡しました。

## 他者の目醒めについては、見守る視点も大切

そこから2万6千年の時代を経て、僕たちは今ふたたびアセンションのタイミングを迎えているのですが、当時と同じような現象は、僕たちの周りにもよく見受けられます。

たとえば、目醒めを決めた人は、周りの大切な家族や友人にも、自分と一緒に目醒めてほしい、アセンションしてほしいと思っていろいろ働きかけたりしがちです。これは、特にレムリアのエネルギーが強い人が抱えやすい葛藤だったりします。

僕は「その考え方は間違っている。アトランティス的に、放っておくのが正しい」といいたいのではありません。でも結局のところ、最終的に目醒めるか否かを決めることは本人しかできません。

僕自身、「必ず目醒めてください!」と誰かに強要するようなことはしていません。

**目醒めを決めた人たちが、ハイヤーセルフの自分を思い出していく生き方をしていくと、各々が目醒めの電波塔となります。自分の本質の光を放ち始め、その輝きに無意識であっ**

**ても周りの人が気づき始めます。**

その結果として、より多くの人が目醒めに関心を持ったり、目を醒ます生き方を選択する人が増えたり、ということが自然と地球でも起きています。

何がいいたいかというと、自分の中のレムリア性が執着に変わると、周りの人をどうにか目醒めさせようとしてしまうこともあります。

愛や調和のエネルギーは素晴らしいです。ただ、「目醒めはいい、眠りは悪い」とジャッジして人の生き方を変えようとするとき、その人の自由意志を尊重できていませんし、その人の中のハイヤーセルフとしての光を信頼できていないかもしれません。

眠って生きる道を選ぶ人も地球には多くいます。それも自分で選んだことならば、そこからいろんな気づきを得ることになるでしょう。それもまた素晴らしい体験の1つです。**けっして目醒めが優れていて、眠ったまま生きることが劣っているということはありません。どちらも素晴らしく、どちらを選ぶかは自由なんです。**「身近な人が無理な生き方のほうを選んでいるように感じる」という人もいるかもしれませんが、その執着すらも手放していくと、本当の目醒めが起きてきます。

ちょっと厳しいとか、冷たいとか感じるかもしれません。だけどみんながハイヤーセルフなんです。だとするならば、どっちの道にも違った光があるはず。みんなのいろんな選択に祝福を送れる人が、目醒めをまっすぐに体験していくことになるんです。

## アトランティス人はマッスルな生き方が好き？

ところで、スピリチュアルな知識がある人の中には、アトランティス人によくないイメージを抱いている方もいるのではないでしょうか。

レムリアのエネルギーが非常に優位な人の中には、自分のアトランティス性を認めたくないとか、アトランティスっぽくなりたくない、アトランティス人とは名乗りたくないと感じている人もいるかもしれません。

確かに、過去のアトランティス人は、一気に波動を落として眠りの意識に没入していきました。そのときには、今の僕たちの現実では犯罪に当たるようなあくどいことも相当重ねていたりします。当時、アトランティス人のエネルギーが荒々しく、トゲトゲしている部分があったのは事実です。この地球で、仮に、アトランティスのエネルギーを荒々しく使っていこうとすると、現実を思いどおりに変えていく力はありますが、愛や調和の意識が足りなさすぎて「自分さえよければいい」と自己中心的になったり、「もっともっと」と欲張りになったり、周りを顧みずに突っ走ったりしかねません。

アトランティスの性質を色濃く持った現代人は、がんばって、壁を乗り越えて、ガンガン目標を達成していくのが好きな方が多いです。敢《あ》えて自分から試練をつくり出したりもします。すると、人生に困難が増えます。その困難を、また荒々しく打開して進んでいくと、どんどんマッスルな生き方になっていきます。これはちょっと大変です。その在り方は、けっしてハイヤーセルフに目醒めていっているとはいえないでしょう。

だからといって、「アトランティスの波動は嫌だ」とレムリア的な愛や調和の意識だけを使って生きていこうとすると、物理次元の地球においては、現実強さが不足してしまいます。そうなると、パワフルに変革していく力が弱まって、本当に生きたい人生を生きることや、目醒めていくことが、難しい面が出てくることになるでしょう。

要するに、**自分の中のレムリア性とアトランティス性が統合できていないと、新しい地球に天国を創るうえでも、自分自身が目醒めていくうえでも、どちらにせよ理想どおりには進みにくくなるわけです。**

## ✳レムリア性とアトランティス性の両方で地球に変革を

ここでマンガを喩《たと》えに出すと、レムリア性とアトランティス性は、それぞれ『ドラえもん』の、のび太君とジャイアンみたいな感じなのです。

あくまでも僕の考え方なのですが、のび太君はみんなに優しくてきめ細やかなレムリアのエネルギーを持っているけれど、地球で力強くそれを表現することは苦手です。

一方のジャイアンは、ちょっと乱暴だなと思うけれど、現実的な強さ、エネルギーの太さを感じませんか？　その部分はまさしくアトランティス的です。

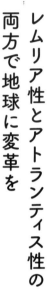

自分の中のレムリア性とアトランティス性を統合するというのは、要は、自分の中ののび太君のきめ細やかさとジャイアンのパワフルさを統合するみたいなことです。

レムリアとアトランティス、どちらかに偏り、どちらかを無視し続けたら、本当の統合は起きません。これからどんどん目を醒ましていく僕たちは、のび太君的なレムリアの愛や調和の意識と、ジャイアン的なアトランティスの現実強さと、その両方を使ってこの物理次元の地球で変革を起こして生きていくことになります。双方の性質を活性化して、どちらも美しく使うことがとても大切なのです。

レムリアの人たちは、非現実的でフワフワしているといわれることがよくあります。それは、物理次元にグラウンディングできていないからです。せっかく愛や調和という高度な素晴らしい意識で生きようとしても、そのエネルギーを太く保てなければ、結果的に現実には活かせません。レムリアの愛や調和の純粋なエネルギーと、アトランティスの力強さ、行動力、決断力などのエネルギーが統合したら、とてもパワフルだと感じませんか？

アトランティス性が優位な人にも、同じことがいえます。自分の愛、調和、優しさ……すなわちレムリア性を、丁寧に大切にできたら、荒々しくがんばらずとも、もっと心地よく、自分が望む人生と成長を体現していくことができるようになるでしょう。

レムリア人は、一言でいえば「霊性の象徴」といえるくらい精神性が高い人たちでした。一方のアトランティス人は、考え方や視点がとても科学的です。両者は一見、相容れないように見えるのですが、実は同じものに着目していることが多かったりもします。

たとえば、レムリア人はクリスタルの石を1つの命として見て、その命のエネルギーと共鳴して意識を開いたり、何かを浄化したり、石にメッセージを記憶させてお手紙のように人に贈ったりすることができました。
アトランティス人も同様にクリスタルを1つの命としてとても大切にしていましたが、関わり方は異なります。宇宙のエネルギーをクリスタルに転写して何倍にも増幅させたり、そのエネルギーを別のテクノロジーにアレンジして使ったりするのが得意でした。

今も、レムリアのエネルギーが優位な人たちは、波動に敏感なところがあります。エネルギー療法を受けるのが好きだったり、ヒーラーやカウンセラーになって波動を日常的に使っていたりする方も比較的多いです。一方のアトランティス性が優位な人たちがどのように波動に関わっているかというと、科学的に波動を研究したり、波動のしくみを経営に活かしたりしています。量子力学という形がわかりやすいと感じる人も多いのではないかと感じます。同じものを扱っていても、両者ではその活かし方がまるで違うのです。
もちろん、地球にはいろんな方がいますので、すべてがここで話したことに当てはまるとは思いませんが、傾向として、そういった特徴があると感じます。

**自分の中のレムリア性とアトランティス性を統合すると、物事を多角的に見て、現実を俯瞰して捉えやすくなります。その視点は、目醒めを加速することにもなるでしょう。**

## 「女性性アトランティス」を活性化する

僕はこの本を書くにあたって、いろいろな宇宙存在のみなさんと何カ月もチャネリングをしていました。

レムリアとアトランティスのエネルギーの違いについてチャネリングをしていた中で、セラピス・ベイというアセンデッドマスターがこんなことをいっていました。

「レムリアはどちらかといえば、女性性のエネルギー。アトランティスはどちらかといえば、男性性のエネルギー。ただアトランティスのエネルギーの中には、女性性アトランティスと男性性アトランティスがある。これから必要なのは、自分の中の女性性のアトランティスを開いていくことだ」。

男性性アトランティスというのは、波動を落としたときに出てくるジャイアンっぽい荒々しく強いエネルギーです。ところが、これからの地球では、女性性アトランティスというのが鍵を握っているようなのです。セラピス・ベイがいうには、**女性性アトランティスには、他者と競争したり、戦いを好んだりするようなエネルギーではなくて、自分が自**

**分であるための強さがあるのだそうです。**

たとえば、出会って間もない人の中に「素敵だな」と感じるところを見つけたなら、「あなたのそういうところ、素敵ですね」とまっすぐに伝えてあげられるのも、強さの1種ではないでしょうか。「私、こういうことにチャレンジしたいんだよね」という人がいたら、「いいね、応援するよ」といってあげられるのも強さです。

パワフルだけどガツガツしていなくて、スマートに、なめらかに変革を起こしていける強さがあるのが、女性性アトランティスのエネルギー。そんなふうに僕は考えています。

## 惹かれるのは、あなたに才能があるから

この章の最後に、読者のみなさんに大事なことをお伝えします。**女性性アトランティスを使って変革していくと、自分の才能を上手に使えるようになります！**

「やってみたいな！」「素敵だな！」と惹かれるのに、「私には無理」といってやる前から諦めてしまうようなことはありませんか？　たとえば「ヨガをしてみたいと思うけど、体が硬いからきっと向いていない」と自分で決めてしまうような。

自分が何かに惹かれるときには、そこに何らかの自分の才能が眠っている場合が多いものです。そこで「私なんて」と自分を卑下《ひげ》して、惹かれた方向に進む道を邪魔するのはエゴです。**才能というのは、人と比べて長けているものではありません。人と比べて長けているところは長所や得意なこと。才能とは、「人と比べてどうか」ではなく、自分がその事柄に、愛を注ぎ続けることができるかどうかです。**

愛を注げば、その分、自分にしか出せないエネルギーがそこに現れます。そのエネルギーはオリジナリティーです。愛を注いだときに、あなたやあなたのお仕事から滲み出る波動は確実に伝わるもので、あなたの魅力の1つとなります。

レムリアとアトランティスについて、いろいろお伝えしましたが、難しく考えることはありません。

女性性アトランティスとつながることについて、セラピス・ベイも「地球で愛を表現して生きるため、私が純粋であり続けるためのまっすぐさを持っていましょう」といっていました。その意識があれば、私利私欲の変革ではなく、愛と調和の変革への強さが輝き出し、みんなと幸せや豊かさを分かち合うパラレルに移行できます。

CHAPTER

# 2

# お金の叡智

～お金はみんなのもので、
いつも豊かに存在している～

過去世の話をしよう

お金で苦しんできた人生もあったはず
逆にお金でたくさんの幸せを
大切な仲間と分かち合った人生もあったはず

お金と僕たちの間には
魂の歴史の中でいろんなドラマがあったんだ
そしてその中で
お金と人類の間に「誤解」が生まれることもあったんだ

お金を受け取るということ
お金を送り出すということ

そこに丁寧な愛を向けることができたなら
お金がどんなに美しい存在なのかを体験することになる

そして
お金と人類の間にあった誤解は解けて
純粋な愛の形が浮き彫りになるんだ

お金っていったい何なんだろう？

お札やコインは　お金の仮の姿
本当のお金を使うための話を
今からあなたへお伝えしていくね

## ✴「制限つきの豊かさ」から「真実の豊かさ」へ

地球と一緒にあなたも波動を上げていくならば、当然ながら、お金の価値観もこれまでとは変わってきます。

僕たちはこれまで、眠った意識でお金と関わってきました。「お金は苦労しないと手に入らない」「お金を稼ぐって大変」と、「制限つきの豊かさ」を体験していたのです。

もちろん、制限つきの豊かさとの関わりが好きならば、それを続けてもいいです。でも、**目醒めた意識を使って「真実の豊かさ」との関わりを選ぶならば、豊かさへの誤解を卒業していくこともできます。**

これまで僕たち地球人の多くは、お金の本質をほとんど知らずに生きてきたと思います。たとえば、義務教育で「お金を得る方法を学びます」みたいな授業があっても、極端にいえば、「汗水を流して真面目に働けばお金が入ってきますよ」くらいしか教わっていないと思いませんか？　自社のアイテムをたくさんの人に届けようとするとき、「前例を参考に」とか、「マーケティングすればいい」とか、そういう手法については思いついても、お金の本質的な部分はいっさい気に留めていなかったりしませんか？

成功のためにがんばってお金を稼ぐのは、駄目《だめ》なことではありません。それもこの地球で眠って生きてきた中での経験の1つです。でもそれらは、苦労してがんばった反動から達成感を得る、眠っていた時代の方法である場合が多いと考えられます。

力んだ努力や我慢をしながら働くのを、苦しいと思っていたり。自分のハートの声を無視することで、どうにか成果を上げることに疲れていたり。もしあなたがそういった生き方は卒業すると決めるなら、僕が宇宙存在たちにチャネリングで聞いた、お金の本質についてのお話を、ぜひ受け取ってみてください。

## お金はみんなのもの

**お金に対しての誤解を解いて、自分の意識を「豊かさに満ちた在り方」に近づけていくこと。それこそが「お金の本質について知る」ことの基本だと、僕は考えています。**

そうやってお金の本質を理解していくのは、この地球や世界中の人たちに対しての愛や優しさにもつながっていきます。

唐突ですが、あなたは、お金は誰のものだと思いますか？　お財布の中のお金や、銀行に預けてあるお金は「自分のもの」。そう捉えている人が多いかもしれません。

実は、お金は誰か1人の所有物ではなくて、みんなのものです。なぜ経済が回るかといったら、お金がみんなのところをぐるぐる巡っているからですよね。つまり、お金は「人類を豊かにする血液」のようなものなのです。もしこの肉体を巡る血液が止まったら、酸素が運ばれなくなって僕たちはとても苦しくなります。

**「このお金は自分のものだ」と所有の意識で使うと、どうしても必要以上にお金を抱え込んだり、独りよがりな使い方になったりと、自分のところでお金を止めてしまうことがあります。**するとお金の流れが止まるように、お金の流れが止まることになるのです。そういう人が世の中にたくさんいると、経済が回らず、不景気と呼ばれる状態を引き起こす原因にもなります。もちろん不景気は他の要素でも起こりますし、一部の人の判断で景気の操作をすることも可能です。

基本的な性質として、お金に限らずあらゆるものは「豊かさ」です。お金も、チャンスも、きっかけも、みんな豊かに存在しています。そしてすべての豊かさは、誰か1人のものではなくみんなのもの。ぐるぐる循環しているからこそ、あなたにも巡ってきます。

だからお金については、たくさん得ることを考えるだけではなくて、次に回していくことまで考えるほうがおすすめです。

## 美しく受け取って美しく流そう

僕自身、過去には借金まみれだったこともあるし、いかにお金を貯めるかに執着していた経験もあります。でも今から思うと、すごく独りよがりだったなと思います。

**お金に苦労していた時期を過ぎて、お金が多少貯まったときに、ふと「お金が貯まったとはいえ、自分がちょっとホッとしただけ。何の喜びも生み出さないお金の使い方をしているのではないか？」と気づきました。**「これって、地球に天国を創っていこうとする人のお金の使い方かな？」と考えると、ちょっと違う気がしたのです。

では、地球に天国を創ろうとする人は、どういうお金の使い方をすると思いますか？

それは、みんなとプレゼント交換するみたいに、お金を美しく受け取って、美しく流す使い方です。お金の使い方においては、この2つの美しさが大切だと思います。

美しく受け取るというのは、自分が喜びを持って取り組んだお仕事などを通して、「ありがとう」とお金を気持ちよく受け取ることです。

お仕事でお金を受け取る場合、お仕事に対してどんな意識を持っているかが大切になってきます。たとえば、自分が苦しんだり我慢をした対価としてお金を受け取るという状況の場合、「またお金を得るには、この苦労をしないといけない」と、「お金は苦労をもたらすもの」という印象を潜在意識に刷り込むことになります。すると、お金が嫌いになったり、豊かさそのものを素直に愛せなくなったりしてしまうかもしれません。

僕も昔は、お金が嫌いでした。実家が貧乏でお父さんとお母さんが苦労しているところをよく見ていました。それでお金が「諸悪の根源」のように見えてしまっていたんです。もちろん今思えば、僕の両親は、子どもたちが不自由しないようにと、たくさんの工夫をしてくれていました。僕はそんな両親に感謝をしています。この家に生まれてよかったと思っています。

でも、自分で働き出してからも、事業を始めた当初も、お金については大失敗を繰り返していました。

今は、お金に関するカルマも解消して、昔に比べればいくらか自由にお金を使えるようになりました。家族や周りの人に贈り物をするとか、そういうこともできるようになりました。あんなに苦手意識があったお金なのに、今は、自分の中の「ありがとう」という感謝の気持ちを表現する素敵なツールになっています。

**お金で愛を表現することもできるし、愛を感じながらお金を受け取ることもできます。自分の視点さえ変われば、お金はどこまでも美しい、「愛の道具」になってくれるんです。**

## 買い物は、作り手に1票を投じる気持ちで

お仕事でお金を受け取る以外にも、たとえばネットオークションやフリマで不用品を売ってお金を受け取るとか、人からもらうとか、補助金が出るとか、お金を受け取る方法にはいろいろあります。どんな形でお金を受け取るにしても、自分が納得して、純粋にまっすぐに何かに向き合った結果としてお金を受け取るのは、僕なりの1つの美しさです。

だから、自分が心から「ありがとう」と感謝できたり、喜びを感じたりできることにお金を使うようにしています。そのためにも、作り手がどんな人かがわかる商品をできるだけ買いたいなと思っています。

たとえば、少し前にコーヒーグラインダーを買ったのですが、そのときもどんな職人さんがどんなこだわりを持ってつくった製品なのか、インターネットで調べました。

最終的に、機能、デザイン、使いやすさ、豆を挽く間の器具の質感や肌触りだけでなく、職人さんのコーヒーへの愛情、コーヒーグラインダーへの愛情をすごく感じられる製品を購入できました。

「こんな素敵な想いを持ってつくられた製品なんだな」と、僕はたくさん感謝しながら、代金をお支払いしました。もっといえば、その人にお金が渡ったら、そのお金を使って、その人はさらに素敵なものを生み出して、地球にさらに喜びをもたらしてくれるだろうと思ったからです。


スーパーに野菜が並んでいて、オーガニックなものと、そうではないものがあるとします。オーガニックの野菜は値段が倍だとしても、買う余裕があるならば、僕はオーガニックの野菜を買います。

勘違いしないでほしいのは、オーガニックではない野菜が悪いといっているわけではありません。そういった野菜たち、農家さんにも、これまでの時代、僕たちはすごく助けられてきましたよね。それに、無理してまでオーガニックを選ぶ必要もありません。ただ、体のことや地球のことを考えると、オーガニックの魅力というのは、これからの時代でさらにクローズアップされていくと感じています。

オーガニックの野菜を買うのは、自分や家族のためだけではなく、オーガニックの野菜をつくってくれる人に対して、1票を投じる気持ちからというのもあります。これが、僕がお金をアウトプットするときに、美しいと感じるやり方なのです。

宇宙の法則において、自分の目に映る現実は、自分の周波数が映し出しています。この法則にのっとれば、**お金を受け取ること、使うことについての美しさを自分自身が体感していくと、その結果として、お金や豊かさが地球という惑星にたくさん、しかも美しく循環することとなるでしょう。**

## お金もチャンスもきっかけも……豊かさはみんなのもの

お金だけではなく、チャンスやきっかけも、僕はできる限り人とシェアするようにしています。自分だけがそのチャンスを活かすのではなく、「この人と組んだら相乗効果があるな」としっくりきたときは、その人に声をかけることを大事にしたいのです。

たとえば、1冊の本の制作には、とても多くの方が関わっています。新しい本をつくるとなると、僕は「今度は、こういう本にしたい！」とすごく思うわけですが、それを担当の編集さんは、会社の上層部の人たちとか、営業の人たちとか、デザイナーさんとか、それぞれの方と真剣に向き合って、実現を目指してくれます。そういうプロセスを繰り返して、僕のそのとき表現したいと思うエネルギーが、本を手にしてくれた方にまっすぐ届くようにしてくれるのです。

なので、一見「僕の本」という見え方をするかもしれないけれど、僕だけでなく、関わってくれる人たちのパワフルさや美しさも必ずあって、そういうところも読者のみなさんとシェアしたい、感じてもらいたいと思っています。

イベントやワークショップもそうです。参加してくださる方たちの好奇心いっぱいの軽やかなエネルギーや、場所を提供してくれる方の優しい気持ちとか、みんなの美しいエネルギーが循環しているからこそ受け取ることができる豊かさの波動があります。それをできる限りみんなでシェアしたいと考えています。なぜならば、豊かさはみんなのものだからです。

何がなんでも人に与えてあげましょうというのではなく、しっくりきた形でやることが大切なのですが、シェアの気持ちを持ち続けることは、とても大事なことだと思います。

僕が豊かな経験をして終わるだけなんてつまらないし、結局、豊かさが巡るとしても、すごく小さな循環になってしまうからです。

**1人で起こす循環には限りがあります。これからの地球では、「これが好き」という純粋なエネルギーを持つ者どうしが共鳴して、大きな豊かさの循環、美しい経済の流れを生み出していくことになるでしょう。**お金や豊かさはみんなのもので常に巡っているもの。そのお金の本質を覚えておいてください。

## WORK お金を愛のエネルギーとして扱う

お金へのネガティブな思い、「ブロック」を持ったままでは、何度も形や場所やタイミングを変えて、同じような次元で「制限つきの豊かさ」を映し出すことになります。

ここでご紹介するのは、お金を「愛」として扱うことができるようになるワークです。

その愛のエネルギーを日常でも使うようにしてみると、だんだんとブロックを外していくことができます。

## 1 宇宙から愛のエネルギーを受け取る

両方の手のひらをそろえて、上に向けます。その手のひらめがけて、宇宙からワーッと愛のエネルギーが降り注いできます。あなたが「愛」と感じる色のエネルギーをたくさん受け取りましょう。

## 2 愛のエネルギーをハートで感じる

手のひらいっぱいに愛のエネルギーが満ちたら、ハートに近づけてみましょう。そのエネルギーをしばらく感じてみてください。心地よさ、柔らかさ、優しさ……感覚は人によって違います。1ミリでもいいので、自分が感じたことを大切に受け入れてみてください。

## 3 エネルギーをお金として捉える

手のひらのエネルギーが、見上げるほど大きなお札の束に変わるのをイメージしてみてください。あなたの「愛」のエネルギーがピンクだったら、ピンクのお札の束に変わります。それをふたたびハートに近づけて、エネルギーを感じてみましょう。

## 4 エネルギーをハートに馴染《なじ》ませる

そのエネルギーを自分のハートにしまってください。自分が愛のエネルギーに満ち満ちて、馴染んでいくのを感じましょう。最後に、1度深呼吸します。

お金の受け渡しは現実には、紙幣や硬貨、クレジットカードやICカードなどでのやり取りに見えます。しかし、それは表面的なイメージです。本当は、**愛のエネルギーをお金や商品という物質に変えて送り合っていたんです。**

今世あるいは過去世で「眠り」の意識を使ってきたこれまでの人類には、お金の苦労を体験した魂、またお金の苦労から発展して人間関係や健康などで困難を体験した魂も多いです。そんな記憶が捻《ねじ》れてしまって、「お金が好きといったら、がめつい人に見られる」「お金では幸せになれないし、むしろ不幸を呼ぶ」「お金持ちは裏で汚いことをしている」などのように、お金にネガティブな周波数をくっつけて、お金との素直な関係性をブロックしていることもあります。

でもお金って本当は、あなたが今のワークで感じたような愛のエネルギーそのものなんです。つまり僕たちはお金を介して、愛のエネルギーを「はい、どうぞ」「ありがとう」とギフトのように渡し合っていたわけです。

**お金は純粋なツールです。そこにネガティブな印象を貼りつけていただけで、それを手放していくと、どこまでも透明な存在であることが理解できるようになります。**

これからは、お財布を開いてお金やクレジットカードを見たら、「愛のエネルギーが豊かに入っているな」と思ってください。あなたにとってそれがピンクだったらピンクのエネルギー、ブルーだったらブルーのエネルギーとして見てください。

買い物をするときは、店員さんに、その色のエネルギーを渡すつもりでお支払いしましょう。商品を受け取るときも、その色のエネルギーを交換しているつもりで受け取ってください。そうやっていると、どんどんブロックが外れていきます。買い物で金銭授受をするたびに、「愛を送った♪　愛を受け取った♪」というふうにイメージしてみるのは、慣れれば簡単なことです。電車に乗るときも、ピッとICカードで改札をくぐるたび「その鉄道会社に愛を送って、愛の乗り物で出かけるんだ♪」とやってみてください。

そんなお金の見方が当たり前になると、世の中にお金と愛がもっと豊かに巡ります。

CHAPTER

# 3

# お仕事の叡智

～好きなお仕事で地球に天国を創る～

「お仕事はお金のために我慢してやること」
そんなふうに　子どもの頃の僕は教わったように思う

教わったというか
社会を見ていて
そういうものなのかと感じていたんだ

「学生のうちに遊んどきな」「大人になったらそうはいかないから」
そう周りの大人に教えてもらうたび
僕の心のザワザワは激しくなっていった

だから僕なりの若気の至りってやつで　僕は思いっきりもがいてみた

それはそれは不器用で　みっともないくらいもがいて
自分なりの「お仕事の在り方」「人生の意味」を探してみた

だけど僕の中の答えは　すごくシンプルだったよ
**僕の思うお仕事とは**
**そして人生とは**
**魂の輝きを通して　世界と愛でつながる「究極の遊び」**

「本気で遊ぶ」という視点でお仕事と向き合ったとき
僕の心にはうれしさがあふれた

この章ではお仕事をテーマに
僕の経験やチャネリングで宇宙に聞いたことを踏まえて表現していくね

子どもたちから
「大人ってずるい!」っていわれるくらい楽しんで生きるのが
僕の人生の優先事項なんだ

## 波動を高く、太くすることで現実は動く

目を醒ましていくこれからの僕たちは、魂の自分と一致した好きなお仕事をしてお金を受け取っていくようになります。お仕事をしていなくても好きなライフスタイルの中で豊かさを受け取ることになります。そこには、2つのポイントがあります。

1つ目は、波動を高くすることです。これは、目を醒ましていくことでもあります。自分の中にある古い周波数を手放して終わりにしていくと、統合が進んで、どんどん軽やかな意識に戻っていきます。

でも、波動が高いだけでは、エネルギーは細いままです。そこで2つ目のポイントとして、エネルギーを太く、強くしていくことが大切になってきます。

**どうしたら太くできるかといったら、現実世界で行動することです。そして、自分が生きると決めた道に自信を持って、覚悟を持ちつつ楽しんで取り組むことです。**

第1章でお伝えしたように、自分の中のレムリア性とアトランティス性を統合するのも、アトランティスの現実強さを活性化して波動を太くしていくことにつながります。この章

ではさらに、お仕事の本質を知ったうえで、豊かさの循環を生み出し、僕たちが地球に天国を創っていくための具体的なお話をしていきます。

## プロのサッカー選手は「サッカーが好き」なだけじゃない

早速ですが、みなさんに質問します。**「好きなことをする」というのと、「好きなことをお仕事にする」というのと、この2つがごっちゃになっていませんか？**

「好きなことをする」と、「好きなことをお仕事にする」では、意識の方向性やエネルギーが全然違います。両者の区別がついていないままでは、好きなことがお仕事になる可能性は、ゼロではないにせよ、かなり低いです。

## WORK 「好き」をお仕事にするために大切なことを知る

ここでワークをやってみましょう。あなたが好きなことをお仕事にして、そこからお金を得るには、どんなことが必要になるでしょうか。

## ❶ 好きなことを書き出す

ノートの見開きページを使います。まず片方のページに、あなたがお仕事にしたいくらいに好きなことを、ハートのワクワクやしっくり感を確かめながら丁寧に書き出してみましょう。音楽が好きなら「音楽家になる」、お料理が好きなら「飲食店を開く」「料理のレシピを販売する」、絵本が好きなら「絵本作家として生きる」のように、どんなことでもかまいません。またいつか点と点がつながる可能性があるので、趣味として好きなことも、いろいろ書いてみてください。まるで子どもが夏休みの計画を立てるみたいな感じで、ワクワクと書いてみましょう！

## ❷ 「好き」をお仕事にするために大事なことを書き出す

もう片方のページに、❶の中でも特に「お仕事にしたい！」と感じるものを選んで、1つだけ書き出します。その好きなことをお仕事にするために大事なことを書いてみてください。専門的な勉強、ホームページの作成、ネット環境の整備……。「開業届を出すために税務署に行く」みたいなものも出てくるかもしれません。

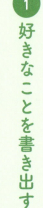

どうですか？　❶はスルスルと書けても、❷でペンが止まってしまった人もいたかもしれません。

たとえば、「趣味はサッカーです」という人がいたとします。それは素敵なことですが、「趣味でやっていてプロになれますか？」といったら、「なれないだろうな」と思いませんか。それと同じなんです。

プロのサッカー選手になるのだったら、プロになるレベルの練習をこなす必要があるし、どこのチームに所属するかなど、自身のマネジメントも必要になります。趣味でサッカーをやっているだけなら、そういう必要はありません。

サッカーに取り組んでいて得られる経験も、趣味なのかプロを目指すのかでは全然違います。どちらがいい、悪いではありません。趣味でサッカーをして、体をたくさん動かしてリフレッシュするとか、ドリブルの練習をしてだんだん上手になっていくとか、そういう喜びを満喫するのも素敵な経験です。**自分が心から好きと思えるものと向き合う時間は、人生を豊かにする素晴らしいものです。**

でも、たとえば、日本代表のサッカー選手が試合後のインタビューで、「体をたくさん動かしてリフレッシュできました！」とか、「だんだんドリブルが上手になってきて幸せです！」というような発言をするのを聞いたことがあるでしょうか？

プロのサッカー選手になるまでの道のりは、趣味でサッカーをしている人と同じように、シンプルに「サッカーが好きで楽しい」という気持ちももちろんあると思うけれど、プロとして通用する技術の習得から、食事やフィジカルの管理から、どこのチームにいけば自分を最大限活かせるかとか、常に結果を求められることなども含めて、趣味よりも真剣な学びの中の楽しさや幸せというものがあります。その中でやっていると思うのです。

**どちらも素晴らしいことですが、趣味のサッカーに必要な行動と、プロのサッカーに必要な行動は違います。得られる体験や成長も違います。**どちらの経験を魂が望んでいるかで、同じサッカーでも、行動の仕方も学びもガラリと変わってきます。

この先の未来で地球に天国が定着してくると、「楽しいことに深く向き合っていればそれが生活になる」というフェーズがいつかやって来るでしょう。もっというと、お仕事にする必要がなくなります。そもそもお金がなくなっていく可能性も高いです。ただ、現時点ではそのフェーズがすぐに到来するようには感じません。

今は、そういうフェーズまでの過渡期なんです。それがナチュラルになるのは、もう少しお金や経済のしくみが変わってからです。そのプロセスの中では、「豊かさ」についての学びや魂の成長も必要となります。

その成長の一環として、「好きなことをする」と「好きなお仕事でお金を受け取る」の違いを意識していると、大きな気づきが得られるでしょう。

僕もサッカーが好きで、日本代表の国際試合があるとなると、ワクワクして絶対見ようと思います。でも毎週のJリーグの試合までは見ていません。要するに、サッカーは好きだけれど、Jリーグとか、ヨーロッパの試合をチェックするほど好きではない。「にわかサッカーファン」なのです。だから、僕の「サッカーが好き」という気持ちは、選手として練習に取り組むような方向性ではないな、と自分でも思います。

でもプロの一流の選手の方々は、現実的に大事なあらゆることと向き合い、うわべだけの楽しさではなく、そこから生まれる自己成長や自己発見も含めて、深い部分での楽しさを感じながら、魂を成長させている方が多いのではないかと思うんです。

## 好きなことの中に現実的に大事なことを入れてみる

ここがポイントです。**好きなことの中に、この「現実的に大事なこと」をどれくらい入**

**れられるか。リアルに大事だし必要なことをしっかり入れられれば入れられるほど、好きなことをお仕事にしていく流れが強くなっていきます。**

もう1つ例を挙げると、占いが好きな人がいるとします。自分で気が向いたときに占いをして、YouTube に鑑定動画を上げたりもして楽しんでいます。それを見てくれた人が応援してくれていて、ときどき「占ってほしい」と頼まれて、ちょっと占ってあげたりもしています。そういったことも、素敵な経験です。

でも、もしその人が占いをお仕事にしようと思ったらどうなるか。お仕事にしようとした瞬間から、することが変わってくると思いませんか？

今よりも本格的な勉強が必要かもしれません。ホームページを作成したり、SNSにも必要に応じて投稿したりするかもしれません。対面セッションをするとなれば、セッションルームを用意する必要もあるでしょう。オンラインでやるのであれば、安定したネット環境を整えたり、音質をきれいにするためにマイクも必要になるかもしれません。他にも、料金設定をどうするか、お支払いは振込にするのかクレジットカードや電子マネーも使えるようにするのか……といったことを決める作業も必要です。

好きなことをお仕事にしようとすると、現実的に大事なことが次々と出てきます。

先ほどのワークの❶で書いた「好きなこと」も、❷で書いた「大事なこと」も、同じように大切です。

まず❶が大切な理由は、その好きなことが、あなたの目醒めを最高最善に進めるためのルートである可能性が高いからです。

仮に「その道には進めない」のような困難な状況が起こったとしても、あなたのチャレンジによって、新しい扉が開かれたり、予想外にハッピーな流れに入っていったりすることがあります。大変な状況も「それはそれでオッケー」としておくと、執着が外れて、軽やかな展開が体験できるかもしれません。

頭で考えるよりもずっと大きな道が、人生には用意されています。ワクワク行動していくと、予想外かつハッピーな道に出合えたりするんです。**想定どおりに進むにしても、素敵な予想外の道を進むにしても、まずは今この瞬間のあなたの生き方と行動次第です。**

次に、❷が大切なのは、必要なことを1つずつクリアしながら、内面についても現実についても自分に必要な変化をしていくと、あなたの魂の成長が起こるからです。

僕たちは地球に「成功」しにきているのではありません、「成長」しにきているんです。

この部分を見失って、現実的な成功ばかりに執着していると、仮に現実的に成功しても、本当の意味で幸せにはなれません。ハイヤーセルフの意識に戻ることもありません。成功って、表面的な飾りを身につけるだけみたいな感覚なんです。

そのうえ、今は、魂の成長が起こるほうが、現実的な発展も大きくなる時代になっています。「自分の内面の成長」が第一優先の時代といえるでしょう。

## その課題は「魂の望み」を叶えるきっかけかもしれない

「好きなことをして生きる」から「好きなことをお仕事にする」に変わるために、現実的に必要な行動。これは「課題」ともいえます。

その課題は、自分自身が魂レベルで成長発展していくために、自らが現実化しているものです。課題から目を背けずに向き合っていく中で体験していくこと、自分自身の成長や変化、それらを含めて「私がやりたいこと」と考えられるかどうかは、好きなことがお仕事になるかどうかの1つのポイントになるでしょう。

無理やりそう考える必要はありませんが、あなたがこの地球で目醒めて生きていくことを望むならば、その課題はあなたの「目醒め」、いいかえるなら「魂の望み」を叶えるきっかけです。

「この課題を通して変化すること、目醒めていくこと、全部含めて私のしたい体験だな。さあ、どんなふうに変わっていこう♪」と深いワクワクな視点を持てたとき、あなたの好きなことがお仕事になっていく可能性が広がります。

現実的に必要なこと、精神的に変わる必要があること。それらはすべて、あなたの目醒めの扉になっています。耐え忍ぶようにして課題を乗り越えるのではなく、できる限り自分自身がいちばん惹かれる形、しっくりくる形で向き合ってみてください。その課題をとおして自分はどう変わっていきたいのか、自分自身に聞いてみてください。

新しい自分への変革は、あなた自身が体験してみたいと思っている「地球での冒険」の1つではないでしょうか。もしそう思うのなら、ワクワクと扉を開き、素敵な変化のきっかけにしていきましょう。

ここまでの内容を踏まえて、もしあなたにとってピンときたなら、61～62ページのワークをもう1回やってみてください。先ほどやったときよりも、しっくりくる言葉が浮かんでくるかもしれません。

## 苦手なことは経済のエネルギー循環に近づくチャンス

ところで、あなたはお仕事をする中で、これってどうしても苦手だなと感じるものはありますか？

僕にも経験があります。以前、スピリチュアルカウンセラーとして個人セッションをやっていた頃のことでした。個人事業主だから確定申告を毎年やらなきゃいけないのですが、ぶっちゃけてしまうと、まったくといっていいほど意味がわかりませんでした。何を計算するのか、何の資料が必要なのか、どこに何を書くのか……。やり方を調べてみても、何のことをいっているのかチンプンカンプンでした。

でも、スピリチュアルカウンセラーとして生きるのは、当時の僕にとってやりたいことでした。この大好きなこと、天職とも思えるようなこのお仕事をやるためには、確定申告が必要でした。

**何度も「やりたくないな、めんどうくさいな」と思ったけれど、嫌だ嫌だといいながらやるのは「目醒め人」の生き方ではありません。**だから、それを手放して統合しながら、まっすぐ向き合ったのです。

するど年を追うごとに、どんどん軽やかに確定申告ができるようになっていったのです。どうやったのかというと、僕は、近所の青色申告会のおばあちゃんたちのところに行って、教えてもらったんです。

「自分でできることは全力でしました」と嘘偽りなくいえるレベルまで仕上げてから、「この先一緒にやっていただけませんか?」と、おばあちゃんたちのところに持っていったのです。

青色申告会のおばあちゃんたちは、すごくのんびりしていらっしゃいます。税金のことをやるために集まっているというと、カリカリした雰囲気を想像する人もいるかもしれません。けれど、全然そんなことないのです。

おばあちゃんたちは確定申告の作業が好きなんだな、と僕は感じました。みんな僕の話を優しく聞いてくれて、ササッて計算してくれて、ササッと書き込んでくれて、あっというまに「はい、できましたね」となりました。

「好きなこと」として確定申告と向き合うおばあちゃんたちの様子を見て、僕にとっても、確定申告はこれっぽっちも嫌でもめんどうでもなくなったのです。毎年おばあちゃんたちのやり方を見て、年を追うごとに自分でできる部分が増えていきました。また、わからない部分があっても、「お願いすれば大丈夫」と軽やかに対応できるようになりました。

## 「好きなことをする」というエネルギーも循環している

そんなふうに、僕としては確定申告がものすごく巨大な壁のようだったけれど、苦手は人それぞれ違います。たとえば、ホームページに掲載する文章を考えるのが苦手な人もいるかもしれません。パソコンや機械の操作が苦手な人もいるかもしれません。

好きなことの中にあるちょっと苦手なことは、誰にでも少なからずあるでしょう。**好きなお仕事で生きると決めたなら、そこから逃げずに向き合って、嫌とかめんどうとかいう気持ちを統合しながら進めてみてください。**すると、苦手だと思っていたことが意外に楽しく感じるようになっていったり、「この人にお願いできそう」みたいな人に出会えたりします。

それは「必要な苦手」と向き合って、扉を開くように統合をして、高い視点になっていくから気づけることでもあります。

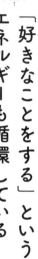

「好き」をお仕事にするときに、なぜ現実的なことが大事なのでしょうか。「現実的にやらなきゃしょうがないから」ではありません。

社会では、お金を含めた豊かさのエネルギーの循環が、いろいろな形で常に起こっています。前章で、「お金は血液のようにぐるぐるみんなのところを巡っている」とお伝えしたように、お金は不景気で滞ることはあっても、完全に止まることはなく、循環し続けているものです。

同時に、この社会では「好きなことをする」というエネルギーも常に循環しています。

**好きなことをして、「幸せだな」「楽しいな」「充実しているな」とみんなが思うエネルギーも、個人レベルや世界レベルで回っているのです。**

好きなことをお仕事にしてお金を得るというのは、この2つの循環が合わさった状態です。逆に「好きなことはやっているけれど、お仕事になっておらず、お金を得ていない」というのは、「好きなことをする」というエネルギーと、経済のエネルギーが分離した状態です（趣味として楽しんでいる場合は、それでオッケーです）。

それを近づける鍵は、現実的な取り組みの中にあります。

あなたはどんな姿勢で、自分の好きなことと向き合っているでしょう。覚悟を持った純粋な姿勢で、現実的に出てくる必要なことにも向き合っていれば、好きなことのエネルギー循環と経済のエネルギー循環を、近づけ、重ね合わせられます。

いつまでたっても「お仕事にはしたいけれど、やりたくないことはやりません」と現実的に必要なことを突っぱねているままでは、両者の循環は近づきません。確定申告のような現実的な取り組みは、経済的な循環に近づくチャンスでもあるのです。

## 自分がやりたい分野の「経済の川」を見つけよう

現実的なことを疎かにしなければ、経済の循環に近づける。それは本当です。でも、誰もやったことがない、見たことも聞いたこともないようなお仕事をゼロから始めるのは、ときにたくさんの準備を必要とします。

ただ、世の中の起業した人たちを見てみてください。一見しただけだと何もないところから会社をつくっているように見えるかもしれませんが、実際には、すでにそのジャンルにおけるお金の流れがあったという例がほとんどです。多くの場合は、すでにある川の流れの横で起業しているのです。

僕もそうです。僕が「スピリチュアルカウンセラー、始めました」といったとき、もし「スピリチュアル」という言葉がまったく世の中に認知されていなかったとしたら、今の状態になるにはもう少し時間がかかっただろうなと思います。

でも、僕が始めたときは、すでに社会には「スピリチュアル」という川の流れ、つまりスピリチュアルに取り組んでいた先人のみなさんがつくってくれた流れがあって、僕はその川の近くでチャレンジをさせていただきました。

おそらくすでに、この社会にはたくさんの川が流れています。現実的なコツとして、**「自分のやろうとしていることは、どの川に属しているか」「そこにはどんな人たちがいて、どんなやり方をしているか」というのを見てみるのも、好きなこととお金の流れを近づけるヒントになるでしょう。**

## 直感を使って、常識を超えた経済の流れに乗る

僕が住んでいる東京・青梅《おうめ》に、ある素敵なラーメン屋さんがあります。

青梅は東京の片田舎です。さらに僕が暮らすのは、その中でも奥多摩《おくたま》寄りの、とてものどかなエリアです。我が家の近所では、使い勝手のいいスーパーは1軒しかありません。商店街らしき商店街もありません。特に有名な観光地でもありません。

「どうしてここなの？」と不思議に思うところに、そのラーメン屋さんは位置しているんです。

しかし、オープンした当時から今現在まで、このラーメン屋さんはそれはそれは人気なんです。開業まもなくの頃は朝6時くらいからお客さんが並んでいて、整理券が配られるほどでした。つまり、近所の人が外出ついでに気軽にラーメンをすすって帰るようなお店ではないのです。予約したり、整理券を取りにきたりしなければならず、地元の人が食べたいときに食べられるお店ではありません。

お店を開くというと、これまでは立地条件がとにかく大事だといわれてきました。このラーメン屋さんは、その常識からは完全に外れています。

でも、常識には乗っていないけれど、ある経済の流れにはちゃんと乗っています。それは「本当のラーメン好き」の方たちの流れです。

「ラーメンのためだったら、車で何時間かけてでもラーメン屋まで行くよ。飛行機に乗ってだって行くよ」という本気のラーメン好きの方というのが、世の中にはたくさんいます。その人たちに、ラーメン屋さんのエネルギーはちゃんと刺さっているのです。その証拠に、ラーメン屋さんの駐車場の車のナンバーを見ると、お客さんが日本全国からきているのがわかります。

これはアトランティス人的なお仕事の工夫の1つなのですが、**「自分がやろうとしていることは、どんな人たちの経済の流れに近いのか」を感じてみるのがおすすめです。**慣れるまでは少し難しいかもしれませんが、頭脳で考えるより、直感的に「私はこんな経済の流れに近いことをしようとしてるな♪」と軽やかに感じてみてください。

僕はよく「頭を使ってるね」といわれるのですが、でもほとんどの場合は、直感的に降りてきているんです。一見小難しい内容のことでも、直感で降ろしています。にもかかわらず、直感で降りてきたことをそのジャンルの専門家のような方に話してみると「未来的に的を射ている」といってもらえることが多いんです。僕としては、この直感的なやり方を信頼しています。

ちょっと難しい選択、普通なら頭を使って行うような決断も、ハンドルを握り変えて、ハートに手を当てて、自分はどうしたいのか、どう感じているのかにフォーカスしてみてください。

これは目醒めて生きていくうえでの、1つの大切な生き方です。

## どんな意図で電波を発していますか

**自分のアンテナからどんな電波を出すかというのは、好きなお仕事をしていくうえで、とても重要です。**どういう意図をもってお仕事をしているか。その意図から放たれる発信元のエネルギーがすべての土台となっていきます。

たとえば、YouTube 1つとっても、そのサムネイルがどんなエネルギーを発しているかによって、見てくれる人、そのエネルギーに共鳴する人はまったく違ってきます。スピリチュアルなジャンルの動画を出すとして、「この情報はすべて真実です。全部当たっています！」というサムネイルにしたら、「誰かに未来を当ててほしい」と思う人が見にくるでしょう。「今ここから自分で人生をクリエイトしよう！」というサムネイルにしたら、自分の足で人生を歩みたい人が見にくるでしょう。

**自分はどんな人間か、何を大事にして生きていきたいのか、このお仕事を通してどんな人生を歩みたいのか。**つまり自分の哲学、理念、意図が、サッカーの分野であっても、ラーメンの分野であっても、スピリチュアルであっても、お仕事においてとても大切になってくるのです。

ここではYouTubeのサムネイルを喩えに出しましたが、すべての言動からあなたの波動は滲み出ます。つまりそのお仕事との向き合い方や、エゴでやっているのか魂でやっているのかなど、すべては電波になって人に伝わり、出会う人との関係性を変えていくということです。

好きなことをお仕事にしていくのなら、次に挙げる3つの覚悟をしっかりと持ってみてください。

**❶これ（好きなこと）をして生きていくという覚悟**
**❷その中で出てくる現実的に必要なことと向き合っていく覚悟**
**❸お仕事の経験を通じて目を醒まし、自身の内面を豊かに成長させていく覚悟**

僕たちは、1人1人が創造主です。自分で強い覚悟を持って、自分の人生を決定すると、好きなことをお仕事にしていく道が拓《ひら》けてきます。

この3つの覚悟を決めるとは、自分の内なる宇宙に「私はこれをお仕事にしていく準備ができました」とOKを出したことになり、その決心は宇宙全体に受理されます。

僕もスピリチュアルカウンセラーを始めるとき、この3つの覚悟をしました。めちゃくちゃ本気のテンションで決めたのです。

「僕はこの道で行くことを楽しみます♪」
「現実的なことの対応もしっかりやります♪♪」
「この経験を通して目を醒まし続けます♪♪♪」

音符マーク付きの楽しい感じで、でも真剣で深い気持ちで、内なる自分と約束しました。その瞬間、ワーッと景色が明るくなって、新しい人生がスタートしたという体感がありました。

自分の人生において、もっともパワフルなのは自分自身です。**自分が明確な覚悟を持つと、そこはだんだん自分にとっての天国になり、本当の自分の人生がスタートします。**

## 必要な答えは宇宙からもたらされる

「私はこの道でいいのかな？」

そんな不安がよぎって、前に進めない人もいるかもしれません。そういうとき、誰かに相談するのも1つの方法です。でも、**地球に自分にとっての天国を創っていきたいのなら、まず自分が「自分はどうなりたいか」をわかっていなければ、天国を地球に創造することはできません。**

不安というネガティブな周波数は、古い地球からの借り物です。それを手放していくのはもちろんのこと、創造主であるあなたは、どこまでも「自分はどうしていきたいか」「どう在りたいか」と向き合っていく必要があります。

ただしこれは、頭を使って考えましょう、という意味ではありません。

僕は子どもの頃から、この社会、学校、会社のしくみに乗っかっているだけでは、魂が望む成長はできないし、自分の人生を送ることもできないと感じていました。
ただ、僕たち1人1人が自分とちゃんと向き合って、自分のことを深く観察して、自分が何をしたいかをわかっていたら、社会や学校や会社などの環境がどうあろうとも、自分なりの目線で世界を見ることができるし、自分の成長プロセスもキラキラと輝くはずです。
どんな環境にあっても、「こういうところは素敵だな」「こういうところは私には必要ないな」というふうに、自分軸で感じて、必要な部分だけを工夫して取り入れることができると思うのです。

社会の風潮を見たり、ニュースや世論を参考にしたりする以前に、「自分はどう思うか」「自分はどうしたいか」が明確になっていれば、おのずと先は見通せます。

**自分のことをわかろうとするとき、リーディングやチャネリングは無意識のうちに始まります。**

YouTube やテレビなどで、自分の意見をスラスラ述べたり、世の中のことをいろいろな角度から話したりしている人を見て、「この人、頭がいいんだろうな」と思ったことはありませんか？　僕としては、自分とちゃんと向き合っていたら、誰だってその人なりの、知識を超えた「知的な側面」が生まれると思います。

たとえば、「今、世の中はこうなっているんだな。だったらこんな工夫をしたら、もっと楽しくなるな」「自分はどう生きていきたいかな、どんなふうに在りたいかな。そのために今何ができるかな……」というように深く感じていくことに慣れると、自分にとってこの先に必要なことも、今必要なことも、宇宙意識から受け取れるようになっていきます。

**本当の意味での「先見の明」とは、宇宙意識から降りてくるメッセージなのだと僕は思っています。それは知識がもたらすもの以上に、自分のことを知ろうとすることで開くものだと感じています。**

確かに、これまでの日本では「右へ倣《なら》え」の教育が根強かったです。世間体を気にする生き方の人が多かったです。その影響はまだそれなりに残っていて、だから、自分で感じるとか自分の意見を持つとかいった感性が閉じている人が多いと感じています。

でも、僕たちの本質はハイヤーセルフなのだから、誰しも宇宙の叡智とつながっています。この地球の僕たちは、それをいかんなく発揮していくプロセスにすでに入ってきています。

玉石混淆のさまざまな情報が飛び交っていますが、それらを鵜呑みにするのではなくて、自分にとってはどうなのかを大切に。常識だとされていること、世間が「正しい」といっていることでも、自分が違和感を覚えるなら、その自分の感覚を大切に。

**僕たち自身が宇宙そのものなのだから、自分にとって必要な答えは、自分の中にあるはずです。**

## 能力や才能、感性はものさしでは測れない

「好きだけど、才能があるかわからない。だから自信が持てない……」

そんなふうに思っている人もいるかもしれません。でも才能は、「人と比べてどうか」ではありません。**自分が愛を持って、まっすぐに愛を注げることが、あなたの才能がある分野なのです。**

せっかく才能があっても、子どもの頃のふとした出来事から苦手意識を植えつけられてしまうことは、よくあります。

僕も、絵を描いたり歌を歌ったりすることが自分は大の苦手なのだと、幼い頃からそう

信じて生きてきました。でも大人になって、絵本を描かせていただいたり、『旅するピノキオ』という歌をリリースしたりしています。

どちらの機会も、やろうと思ったときにすごくワクワクしました。だから思い切ってやってみたのですが、とても楽しかったです。目醒めにつながる経験ができました。

自分の魂からのワクワクに素直に従ったおかげで、あらためていくつかのことを実感できました。

たとえば、学校のテストのよしあしと、才能の有無はいっさい関係ないということ。教育システムのものさしでは、本当の能力や才能、感性は測れないということ。僕は学生時代、国語のテストで平気で0点を取るような生徒でした。なのに今こうして本を書いたり、たくさんの方の前で喋りまくったりして、四六時中、国語の能力を使っています。

**もしあなたが今、自分がやってみたいことを「自分には向いていないな」と感じているとしても、この地球にはあなたの生み出すものに魅力を感じる人もいます。そして、その感性に触れたくて、あなたのことを待っている人もいるかもしれません。**

これからの地球は、無限の可能性が次々開いていくエネルギーにあふれています。だからそういうチャンスがやって来ても、不思議ではないのです。

もし意外な才能を活かすチャンスがやって来て、それにあなたがワクワクしたならば、チャレンジしてみることをおすすめします。それは、必ずあなたの「ハイヤーセルフへの目醒め」につながるでしょう。

## 得意なことが天職になるとは限らない

「天職はどうしたらわかりますか?」

このような質問を受けたことがあります。天職を生きている人というと、多くの人は、たとえばメジャーリーガーの大谷翔平選手のような人を思い浮かべるかもしれません。特技と才能が一致していて、なおかつ、それに愛を100パーセント注いでいるような人です。でも、彼のような例はむしろ稀《まれ》です。

僕は、天職というものには特技はほとんど関係ないと思っています。そのお仕事が天職かどうかの何よりの基準は、得意であるかないかではなく、自分がたくさんの愛を注げる

**ことかどうかです。**たくさんの愛を注ぐからこそ、そこで才能といわれるような、あなたにしか出せないエネルギーがあふれてくるのです。

「私は数学や計算が得意だから、経理関係が向いているかもしれない」というふうに、自分の得意なことから天職を探ろうとする人もいるかもしれません。でも、得意なことが天職にはならないことも、けっこう多いです。

たとえば野球が得意で、甲子園で大活躍してプロ野球選手になったけれど、あまり活躍できずに若くして引退するという場合。その人にとって、野球は得意でも、プロ野球選手は天職ではなかったということになります。

しかし引退した後に、少年野球の指導者になって、気づけば選手を育成することに夢中になっていた。指導することに愛を注いでいた。こうなったとしたら、その人は「自分にとっての天職は、プロ野球選手ではなく指導者だった」と気づきます。

そもそも運動が苦手でも、野球が大好きな方はたくさんいます。球団経営に携わって裏方からチームや野球界を盛り上げるような愛の注ぎ方もあって、その人にとっては、野球自体は得意なことではありませんが、野球に携わるお仕事が天職となるでしょう。

**特技と愛を注げるものをちゃんと分けて考えることは、天職に気づくうえで大切なこと**

**の1つです。**もし今、直接的にお仕事につながっていないとしても、愛を注げるものがあるなら、それを続けてみてください。

## 愛を注ぐ経験は天職につながる

また、どんなことであれ、まっすぐに愛を注ぐという行為は必ず大きな魂の成長につながって、天職、あるいはそれにも勝る人生体験へとあなたを導きます。**「この経験を続けること、愛を注ぎ続けることは、魂の大きな成長につながるかな?」**という視点で、**自分のやっていることを見つめるのも、天職に気づくポイントの1つです。**

僕自身、学生時代にはバスケットボールが大好きで、たくさん愛を注いできました。ただし周りの人から見ても、自分自身でも、プロになれるほど上手だったかといったら、そこまでの秀《ひい》でるものはありませんでした。

ただ、バスケに真剣に、まっすぐに愛を注いで得られた経験は、スピリチュアルカウンセラーになった今、とても活かされていると感じています。バスケにまっすぐに愛を注いだ経験がなかったら、「僕はこの道で生きていく」と気づくのにもっと時間がかかったかもしれません。

## 天職が複数あってもいい

お仕事を決めるとき、好きとか嫌いとかは置いといて、第一に、「安定した職につくべき」「とにかく収入が高いお仕事につくべき」「福利厚生が充実した会社にすべき」というような考え方が、眠りの時代には根強くありました。

確かにそうやって選べば、社会人としてまっとうになれるかもしれません。そうした未来を本当に望んでいるならいいのですが、「天職と出合える生き方か？」といったらちょっと違うでしょう。

ただ、とんとん拍子で物事が進み、気づいたらすごく好きなことをしているという人もいるかもしれません。流れついたお仕事が天職だった、ということもあるのです。

**もしあなたが「天職で生きていきたい。でもそれが何かまだピンとこない」と感じているのだったら、まずは今できることに、ありったけの愛を注ぎ切ってみてください。**

するとあなたの波動が変わり、視点が変わっていくことになります。その新しい視点から、新しい興味が見つかるかもしれません。そうしたら今度は、それに愛を注いでみてください。

「好きなこと」は変わってオッケーなんです。自分が毎日を最大に大切に生きて、そのうえで興味が変わったのであれば、それは意味のない遠回りではなく、次の自分に進むために必要な経由地点だったということです。**愛を注げる対象を、バトンリレーのように次々とつないでいった先で、最高の天職に出合えることもたくさんあります。**

好きなことに愛を注ぐ行為は、自分の魂を著しく成長させます。

あなたが愛を注いだ1つ1つのお仕事や趣味が「すべて自分にとって宝物だった」「自分にとって必要な学びだった」というふうに思えて、だんだん天職という言葉にこだわらなくなっていく人もいるでしょう。

要は、天職との最善な出合い方と形は、人それぞれなんです。

## 「純粋に好き」が人とのご縁をつなぐ

好きなことをお仕事にする以前に、自分にとっての「好き」がわからないという方もいるかもしれません。
「好きといえば好きだけど、お仕事にするほど好きかな……」となっている人は、まずは趣味的な好きを見つけられればＯＫです。好きを見つけるのには、61〜62ページのワークもおすすめです。

自分は何が好きかを知っておくのは、この変革の時代においてとっても大切なことです。なぜなら**これからの時代は、「純粋に好き」というエネルギーどうしが引き合って、人と人のご縁がつながっていくからです。**

それは、趣味人どうしの輪が広がるというレベルの話ではありません。たとえば、スピリチュアルなことが好きな人がいるとします。好きな気持ちがきっかけとなり、スピ好きさんどうしが集まるような機会は、これまでの時代にもよくありました。それがこれからは、スピが好きだと自覚していなくても、たとえスピリチュアルという言葉さえ知らなかったとしても、そのエネルギーに惹かれている人どうしがつながりだすのです。

たとえば、料理を趣味にしていて、「自分がどんな想いで料理をしているかで、料理のエネルギーが変わる気がする。料理のエネルギーを感じ取るっておもしろい」と気づき始めていたりする人と、スピリチュアルが好きな人との間でふと交流が生まれるような。そうした展開が、今後の地球では起きやすくなっていきます。

だからといって、自分にとって好きなものを必死になって探す必要はありません。無理に「カメラ好きになろう」「コーヒー好きになろう」みたいに思わなくても大丈夫です。

好きなものがまだ明確でない方は、まずは「今日のお昼ごはんに何を食べたいか」「今、何を飲みたいか」、そんな小さな好きを蔑《ないがし》ろにしないようにしましょう。自分との日常的で小さな対話から、自分の好きのエネルギーはだんだん高まっていきます。

「他のおおぜいの人たちと比べて、私のほうが上手にできる。だから好き」みたいな好きも探さなくてオッケーです。たとえば「私はきっとこの会社でいちばんピアノがうまいだろうから、『ピアノ好き』になろう」みたいなのは、これからの時代は薄くなっていくエネルギーです。本当にピアノが好きならいいのですが、そうでないなら、ピアノはこの人にとって好きなものとは違います。何度も繰り返しになりますが、**スキルが高いかどうかよりも愛を注げるかどうかのほうが、もっと大事なのでしたよね。**

あなたにとっての「純粋に好き」が見つかったら、ぜひ周りの人と共有してください。

がんばってアピールしなくて大丈夫です。ちょっと友だちとお茶している流れで、「最近、ガーデニングにハマってるんだよね」みたいな感じで、ナチュラルにシェアするくらいでオッケーです。「一緒に何かできるかも」「誰か紹介してくれるかも」のようにメリットを得るために話すのではなく、ただ純粋にあなたの「好き」を表現するんです。**ただ種を土の上にポンと置くような感じで、表現してみてください。**

## スキル×エネルギー＝オリジナリティー

そしてもう1つ、オリジナリティーこそが大切な時代になっていくというのも、大きなポイントです。

これまではスキル重視の時代だったので、上手であることはものすごく価値がありました。たとえば「料理コンテストでいちばんおいしいと評価されました！」みたいな、誰かと比べて秀でているという事実が重要視されていました。

でもこれからは「スキル×エネルギー」の時代です。楽しみながら磨いたスキルの高さとともに、作り手がどんなエネルギーを持っているかが、今後はより重要になるんです。

**現実的なスキルと、自分が発する愛のエネルギーが掛け合わさると、あなたのオリジナリ**

**ティーが生まれます。**

たとえば料理が上手な人はたくさんいます。でも、それぞれの人たちの生き方や感性などから滲み出るエネルギーは、その人固有のものです。スキルとエネルギーを掛けると、唯一無二のその人らしい魅力にあふれた料理が生まれます。

キャリアの長さも、これからはあまり重要視されなくなります。何十年もヨガをやってきたヨガインストラクターと、ヨガ歴はまだ3年ですというインストラクター。キャリアの長さだけで見たら、1人目のほうがすごそうです。ただ、その2人の先生がそれぞれどのような気持ち、どのような在り方でヨガと向き合っているかのほうが、これからはキャリアよりも重要になってきます。

たとえキャリアが3年でも、関わる人たちを大切にし、愛の心を忘れずに生きてきて、そのプロセスの中でヨガと出合ってヨガの先生になった方もいるかもしれません。

プロフィールに書かれている資格やキャリアも、その先生の要素の1つではあります。でも、**その人のお仕事へのスタンス、日々の生き方、発する周波数……そうした目に見えない要素が、今後はもっと注目されるようになるでしょう。**

## 生活のためのお仕事から魂の遊びへ

好きなことをお仕事にしていくと決めたら、生活のためのお仕事から、魂の遊びへと人生を切り換える工夫を、少しずつでもスタートしてみましょう。

無茶してくださいといっているわけではありません。ただ「嫌だな」と思っているのに、「生活のためには会社を辞めるわけにはいかない」といって、そのままお仕事を変えることなく長い時間を過ごしている方は多いのではないでしょうか。会社勤めに限らず、「生活のため」「お金のため」という理由から、本当に好きなことへ踏み出せない人は、まだまだいらっしゃるように感じます。

**人生を切り替えるために動き出したい人は、「私は何のために地球に来たのか？」と、内なる自分に問いかけてみることです。**

その問いに対して「これに自分の命（時間）を使いたい」が出てきたら、実際にやりたいことをする時間を増やしていくために、工夫してみてください。たとえば、残業や休日出勤をしていたなら、それはやめて、好きなことをする時間にあててみましょう。お付き合いで参加していた飲み会があるなら、それもお断りして、自分のための時間に使うこともできます。

「休日も返上してやらないとお仕事が終わらない」「付き合いでの飲み会に行かないと、いい仕事ができない」など精神的なブレーキが出てくることもあるでしょう。

でもはっきりいうなら、休日を返上しないといけないのは、働き方やシステムがエラーを起こしているからではないでしょうか？　飲み会に出ないといい仕事ができないって、その「いい仕事」ってどんなお仕事なのでしょうか？　そのようなお仕事をしていて、本当に発展はあるのでしょうか？

こうした常識は明確な覚悟を持って、1度見つめ直すことをおすすめします。

**日々物事を選択するたびに、「私はこれに命を使っていい？」と自分に聞いてみるのもいいですね。**何かをするとき、僕たちは常に命を使っているわけです。テレビを見るのに1時間使ったとしたら、テレビのために1時間の命を使ったということです。お仕事をするのもそうで、毎日8時間働いているとしたら、毎日8時間分の命をお仕事に使っているのです。

「私はこれに命を使っていい？」と自分のハートに聞いて、イエスと感じたらやるし、ノーならやめてみる。もしすぐにやめられない状況だとしても、やめる方向に動いていく。

ちなみに**「どうしてもすぐにはやめられない」という状況の場合は、まだその場所に「魂の学び残し」があるサインです。**そういう場合は、やめていく準備をしながら「私は今、ここでどんな気づきや変化をするといいかな？」と自分と向き合ってみてください。

そうするうちにだんだん、自分が地球にきた目的のための時間を増やすことができるようになってきます。

## みんな幸せになるために地球にやって来た

本当の自分に一致したことをやっていると、お金の心配をしなくても、生活は回るようになっていきます。それが本来の姿であり、僕たちはその在り方へと、今戻っていこうとしています。

赤ちゃんは無一文で、いろんな大人のサポートなくして生きられない状態で生まれてきます。でも、必要なものはちゃんと引き寄せて成長していきます。「それは親がいるからでしょ」と思うかもしれませんが、その親を引き寄せた（現実に映し出した）のは赤ちゃんの創造の力ということができます。

僕たち人類は、「お金を得ないと食べられない」「お仕事をしていないと生きられない」というような狭い概念の中で生きてきましたが、これからはだんだん、赤ちゃんのように、**存在しているだけで必要なものはじゅうぶんに与えられるという意識に到達する人が増えてきます。**具体的には特に2028年以降に、そういう考えの人たちがクローズアップされていくでしょう。そういう未来があることを、ぜひ知っておいてください。


もうちょっといえば、好きなことをお仕事にするのは、そのお仕事で成功するためではありません。お仕事という経験を通して、周りの人と最大に喜びを分かち合い、魂を成長させて、目を醒ましていくために向き合うんです。どんな結果を残すかではなく、そのプロセスにある深い気づきとワクワクな経験こそが魂の宝物なのです。

「私は何のために地球に来たのか？」という問いへの答えがすぐ出てこなかったら、代わりにこんなふうに訊ねてみましょう。「私はこの地球に幸せになりに来ましたか？ それとも不幸になりに来ましたか？」と。きっと「幸せになりに来た」という人が大半だと思います。ならば、まずは自分が幸せだと感じることに取り組んでみてください。

CHAPTER

# 4

# つながりの叡智

## ～自分をさらけ出すと「ファミリー」に出会える～

学校のクラス分けってワクワクしなかった？
どんな友だちができるだろう？　担任の先生は誰だろう？
そうやって新学年になった初日の登校は
小さな冒険のようだった

今の地球は人類総出で「クラス分け」をしているんだ
その人の選んでいる人生や　在り方や
どれくらい魂の自分を生きているかなど
これらをひっくるめて「周波数」と呼び
その周波数次第で
誰とどんなふうに出会うかが決まっていく

現代はネットが発達したことで
距離が離れても
深いつながりを感じることも可能になったよね

**これからは「魂の理念」によって人がつながり**
**やがては次世代型の村のようになっていく流れがある**

愛と調和で共鳴し合う村は
風の時代らしい
1つのシンボルかもしれないね

この章では
人とのつながりや
未来型のつながりについて話していく

お金もお仕事も
そして地球に天国を創ることも
チーム地球人のチームワークなくして
豊かに体験することはできないもんね！

## ✳クライアントとは異なる「ファミリー」

これからの時代では、クライアントさんに向けてお仕事をするのではなく、「ファミリー」に向けてお仕事をしていく流れをすごく感じています。**もちろん人類はみなファミリーなのですが、僕が今いったファミリーとは、愛で共鳴するような人たちのことです。**

ここから話すことは、賛否両論ありそうですし、僕のことを冷たい人だと感じる方もいるかもしれません。でも、僕らが新しい未来にシフトしていくために、クライアントさんとファミリーの違いについて、ちゃんと話していきますね。

クライアントさんも地球の大切なチームメイトです。みんなが美しく素晴らしい光の存在です。つまり両者を比べているわけではありません。

わかりやすくいうならば、僕の中でクライアントさんというのは、サービスや商品を受け取ることがメインの関係です。僕の場合、講演に足を運んでくださるみなさんを大切に思っています。その中でクライアントさんたちは「話の内容がわかったらそれでＯＫですよ」という目的意識でご参加くださっています。その中で生まれる共鳴ももちろんたくさんあります。

一方、「中村咲太という人と、魂の深いところで共鳴して、地球で遊ぼう！」と、僕の人生を逆に応援してくださるような気持ちの方々がファミリーのイメージです。僕はクライアントさんも含めてすべてのみなさんのことを応援しているので、このとき、お互いが応援し合っている関係ができます。これが、僕がファミリーと呼んでいるつながりです。

けっして、クライアントさんに対して「僕のことをもっと応援して」といっているのではありません。ただ最近、チャネリングをする中で、「ファミリーの人たちとの深い関係性だからこそ、つくれる未来がある」というメッセージを受け取っていて、そのとおりだなと思っているのです。

## 共鳴するファミリーと一緒に発展していく

たとえば、これまでは僕が「ワークショップやりますよ。興味があったら来てくださいね」と一方的に呼びかけていたけれど、これからは、ファミリーのみなさんと、みんなで一緒に新しいコミュニティーの形をつくっていくこともあるのかなと感じています。いいかえると1人の発信者の話を多数の人が受け取るだけの関係性でなく、みんなが双方向で応援し合うファミリーになって、まるで「村」みたいになっていく流れです。僕の話している内容を受け取りたいだけの方にとっては、「そこまではけっこうです」となるでしょう。

お互いが応援し合っているからこそ、もう1歩歩み寄ったコミュニティーとなっていける部分。そこにチャレンジをしていく人たちが、今後の地球では増えていきます。

これからは、どんなお仕事をしている人でも、ファミリーというつながりができてきます。**たとえばものを売っている人なら、「とにかく売れればオッケー」なのか、「このお仕事から滲み出る愛のエネルギーもお客さんにギフトしたい」と考えるかで、発するエネルギーは確実に変わります。**

お客さん全員とはいいませんが、あなたという存在から放たれている愛のエネルギーと共鳴したくて、それで購入を決める方も多く出てくるのです。そういう方たちが、あなたのファミリーです。

反対に考えてみてください。自分が買い物をしたときに、「この人から買ってよかったな」と思う経験はありませんか？　買ったものの価値以上のうれしさ、幸福を受け取っているような感覚です。それは、店員さんの笑顔かもしれないし、丁寧な説明かもしれないし、ちょっとした心遣いかもしれません。

そんなふうにこれからは、人と人のつながりがお仕事の面でもさらに大事になってくるでしょう。

## 商品やサービスよりも、人の在り方とつながる

必ずしも、いい商品や素晴らしいサービスだけにお金が集まる時代ではなくなってきている。僕はそう感じています。どのような分野であれ、商品やサービスにおいて最低限の品質は保たれていることが多く、そこで差をつけられなくなっています。

たとえば美容室を例に挙げると、信じられないほどカットが下手とか、「そのスキルはお金をいただくレベルではないんじゃないかな？」というようなお店は明らかに減ってきていると思いませんか。それはたぶんネットの普及のおかげです。うまい人はどうやってカットしているのか、他のお店はどんなサービスをしているのか、ちょっと検索すれば簡単にわかるので、どの美容師さんも昔に比べて高いスキルを持っているのです。

だからお客さんはどこの美容室に行っても、誰に切ってもらっても、基本的には素敵な

髪形にしてもらえます。
それではどんな基準でお店や美容師さんを選ぶようになるかといえば、「この人といると幸せな気持ちになるかな」「自分を担当してくれる美容師さんにはどんなオリジナリティー（愛）があるかな」「どんな想いを持ってお仕事と向き合っているのかな」「この美容師さんがさらに豊かになると、どんな幸せな未来や社会をつくっていくのかな」のようなポイントが、より大事になっていきます。

それからコーヒーチェーンの例です。コーヒーチェーンはたくさんありますが、僕は「ブルーボトルコーヒー」が大好きです。

商品もサービスも好きなのですが、僕は特にお店の増やし方に注目しています。ブルーボトルコーヒーは、売上げや効率重視で新店舗を次々出すというやり方をしていないようなのです。とてもおいしいコーヒーだし、一般的な視点で見ると「お店をもっと出せば、もっと儲かるのにな」と思う方もいるかもしれないけれど、店舗が増えるスピードはとてもゆっくりです。

僕が行ったことのある店舗のスタッフの方はみんな丁寧で、居心地よくゆったりした時間を楽しめました。お客さんの幸せな時間を大切に、効率と売上げだけに偏らず、丁寧に発展成長をしていくブルーボトルコーヒーの在り方がとても素敵で、僕もそういう部分を大事にした発展の仕方をしていきたいなと感じます。

コーヒーがすごく飲みたいときもそうでもないときも、僕はブルーボトルコーヒーのお店に出かけます。**商品やサービスが上質だからということだけでなく、そこにある愛に共鳴したくて、通っているんです。**

## ファミリーは、愛で共鳴する「村」になる

僕が仲間たちと運営している「風の時代学校」というフリースクールがあります。ここでの親御さん、お子さん、スタッフ、仲間たちとのつながりは、まさにファミリーの1つだと感じています。そして、日頃YouTubeを見てくださってる方々の中にも、ファミリーと感じるたくさんの愛にあふれたみなさんがいらっしゃいます。

未来では、ファミリーは新しい循環を生んで、たとえば風の時代の新しい村のようになっていくと僕は想像しています。

村というとこれまでは、同じ地域の集落みたいな、土地でつながっている集まりでした。今はインターネットのおかげで世界中いかようにでもつながれるので、どこの土地にいるかは、これまでよりも気にならなくなります。**どこに住んでいるかの代わりに、みんなが1つの理念に共感し合っているかとか、お互いにつながることでぬくもりや優しさや居心地のよさや成長が感じられるかとか、そういうことが大切になっていくはずです。**

そういった愛のエネルギーで共鳴して、互いの美しさをシェアしていく。そのような人と人のつながりが、村として機能し始め、少しずつ経済の流れを生む可能性が高いと、僕は宇宙存在たちから聞いています。さらにはこのような小さなコミュニティーが世界にいくつも発生して、「愛の経済循環」とも呼べるような豊かさの形が、やがて世界のスタンダードになっていくことになるでしょう。

このような、土地や距離という概念を超越した新しい村、ファミリーどうしのつながりは、未来の人間関係の基本となっていきます。

なので、これからのお仕事では、これまでみたいに必要以上に広告を打ったりして、興味がない人も振り向かせよう、クリックさせようというようなやり方をしても、経済も愛も動いていかないと思います。

これからの経済循環の主流は、浅いつながりではなく深いつながりから起きます。僕たちはそういう村に向かっていて、ファミリーたちと愛で待ち合わせをしているんです。

それに加えて、僕たちは本質がわかるようになってきていて、「自分にとってこれは必要か不要か」がこれまでの時代よりも容易に判断できます。本当の自分と一致しないものには惑わされないし、そういったものがあっても目に入らない。周波数が違っていると、そういうものがあることを気にも留めなくなるでしょう。

## ファミリーと出会える自分になろう

ファミリーもクライアントさんもそれぞれの素晴らしさがあって、どちらの関係性にも大切な成長と気づきがあります。

それは事実ですが、ファミリーとクライアントさんの人数を比べて、クライアントさんが圧倒的に多いとします。すると企業であっても個人であっても、だんだん活動そのものが制限されるという現象が起きやすくなります。

なぜならば、クライアントさんは、商品やサービスを愛しているだけであって、企業や個人の本質を愛してくれているわけではないからです。そういうクライアントさんを意識してお仕事をしていると、本当にやりたいことがやりづらい場面も出てくるでしょう。

たとえば、あなたが新しいことを始めるというとき。基本的にファミリーは、応援やサポートをしてくれる場合が多いです。ファミリーは、すでに本質の部分であなたと共鳴しているからです。すると、自分だけの初めの1歩ではなくて、ファミリーのみんなと一緒に大きな力強い初めの1歩が踏み出せるから、新たな流れは大きく豊かなものになり、みんなで育んでいく実感も得られます。

でもクライアントさんとは、そうとは限りません。恐れずに、ちょっとドライな表現をするならば、多くのクライアントさんはあなたではなく商品やサービスに対して集まってくださっていることが多いです。あなた自身の人生や、あなたの所属する企業のストーリーそのものを、心から応援してくれているわけではないんです。

それがいけないのではありません。そのクライアントさんたちにとっては、あなたではない他の誰かがファミリーで、その誰かと深く共鳴しているはずです。それでオッケーなんです。それぞれみんなが、自分の好きなつながり、自分にとって大切なつながりを自由に築いているなら、最高ですよね！

**だからこそ大切になるのは、あなたはどんな天国を地球に創造していきたいのか、どういった愛の向け方でお仕事をしていくのか。どんな人生にしていきたいのか。すなわち、あなた自身の「魂の理念」を感じ取ることです。**

あなたはクライアントさんとともに歩むお仕事と、ファミリーとともに歩むお仕事、どちらを主にしたいでしょうか？　「私はどちらをやってみたい？」と自分に問いかけてみてください。

ファミリーに囲まれ、本当の自分を解放して、それでも愛でつながる人生を楽しみたい、この地球に天国を創っていきたい。もしそうした覚悟を決めたのなら、表面的なフォロワーさん集め、「いいね」集め、必要以上の強引なマーケティングをがんばるよりも、共鳴し合えるファミリーと出会うことのほうが、より大事になってくるでしょう。

## 自分をさらけ出していこう！

どうしたら、ファミリーと出会える自分になれるのでしょうか。それはとてもシンプルです。**どんなときでも、自分の本心をちゃんと語っているかどうかです。**

たとえばレストランで、あなたはシェフから業務的にコース料理の説明を受けているとします。「おいしそうだな」と思うかもしれませんが、それだけでその人のファンになることはあまりないと思いませんか？　食材に対して、食べてくれるお客さんに対して、純粋かどうか。料理するときに何を大切にしているか。料理を通してどんな幸せをみんなと分かち合いたいのか。ここからどんな素晴らしい未来に進んでいきたいのか。

シェフのそうした本心に触れられたときに、キュンときて、ファンになるのではないでしょうか。

**どんな職業であっても、自分の「純粋な想い」を嘘偽りなく赤裸々に表現しているかどうかが、やっぱりいちばん大事なんです。**

ホームページやSNSのアカウントがあるなら、そこで丁寧に本音をさらけ出していくのがおすすめです。

「私はこれをやるために、地球に生まれたんだ」「このお仕事がすごく好きなんだ」「ご縁のあった地球の仲間たちと、こんな幸せを分かち合いたいんだ」という気持ちを、強欲にではなく、純粋な気持ちで愛を持って表現していくことが大切です。もちろんあなたの言葉に興味を持たない人もいます。だから押しつけることなく、ただあなたの魂の声を表現して、そこに置いておくだけでじゅうぶんです。

自分をさらけ出すというと、これまでの時代だったら「恥ずかしい」「相手に弱みを握られてしまう」「自分の本音を知られたら、傷つけられちゃうかも」となっていたかもしれません。

でもこれからは、**「自分にとってはこれが大事なんだ」と誰の前でも同じようにいえるまっすぐさ、魂の底から本音をいえる強さが、まだ見ぬファミリーと出会うための電波になっていきます。**愛で共鳴し合えるファミリーとともに心地よくお仕事をしていくには、誰の前でも本音でいられることが不可欠です。

## 電波塔として本当に大切なことを表現する

僕たちは電波を発して生きています。**自分が日々どんな電波を放っているかによって、出会う人は全然違ってきます。**

自分をさらけ出していなければ、電波は半減します。すると、あなたが本当に出会いたい人、共鳴したいという人とお互いに気づきにくくなってしまいます。

自分をさらけ出すというのは、ムカついた相手に対して「ムカついたといってやった」みたいに、誰かを攻撃する荒々しいエネルギーを発することではありません。自分の本当に大切にしていることを、誰の前でも隠さずにいることです。

厳しく聞こえるかもしれないけれど、自分が曖昧な電波を出していると、すべてのことは曖昧なエネルギーに引き寄せられてきます。するとファミリーとのつながりが希薄になってしまいます。それでは村も、地球上の天国も、いつまでたっても現実化しません。

僕たちの本質はハイヤーセルフです。そんなあなたの真実の声を表現することは、神聖な生き方の始まりです。

僕はYouTubeで、チャネリングで宇宙から聞いたことをお伝えしています。ご覧になっていただくとわかると思いますが、収録のとき、動画を録り終えようと思っても、いつもついつい最後に長話をしてしまいます。

最後の最後、カメラ越しに見てくださる方の輝きをひしひしと感じると、「これも表現しておきたい」「あれも表現しておきたい」という想いがあふれ出てきて止まらなくなるのです。だって、ファミリーのみなさんが見てくださっているのですから、そのとき持っているものを出し惜しみせず、さらけ出し表現したいじゃないですか！

そんなふうにYouTubeを続けてきて数年になります。自分の正直な声を表現するからこそ、ファミリーの方たちと出会い、しっかりつながれているのだと感じています。

## 誠実にまっすぐに、妥協せずファミリーとつながる

これまではお仕事というと、賢くやるとか、うまく立ち回るとか、人間関係をスマートにこなすとか、本音と建前を使い分けるとか、人の手柄を自分のものにするとか……そういうやり方のほうが有利だと思われていたのではないでしょうか。

でもこれからは、そういうずる賢いやり口は、僕たちの意識が開いていくのでいっさい通用しなくなります。

ずる賢いより「おもしろ賢い」イメージ。**アトランティス的な現実を動かすエネルギーを使うにしても、ギラギラではなく、ユーモアを持ちながら賢く使っていけたら素敵ですよね。**

YouTubeやSNSの発信者さんの中には、「赤裸々にさらけ出して炎上したらどうするのですか?」という人もいるかもしれません。でも燃えたら燃えたでいいのです。本心をさらけ出してまっすぐ生きているあなたなら、火をつけたのはファミリーではないとわかるはずです。

炎上の心配をするよりも、ファミリーのみんながハッピーになることを考えるほうが楽しいですよね。自分と共鳴しようと思ってくれる方に対して、できることを全力でやっていくほうが有意義だと、僕は思います。

自分の商品やサービスを提供する際は、とにかく誠実にまっすぐに、妥協せずに出していくこと。ファミリーはあなたの本気のエネルギーと共鳴しているので、「妥協したな」「適当だな」「その場しのぎだな」みたいなエネルギーはすぐにわかります。

口先だけで本音っぽい言葉を語っているような、うわっつらな感じにはならないようにしてください。お仕事以外の時間も、自分が本心から大切にしていることと日々向き合っていると、その純粋でまっすぐな生き方はファミリーのみんなにちゃんと届きます。

## うわべの数字には意味がない

もうずいぶん昔ですが、僕のYouTubeで、1000人ぐらいだったフォロワーさんが一気に8000人ぐらいに増えたことがありました。僕はいつもどおり目醒めの話をしていたのですが、その中で「宇宙人だったときの記憶」に触れたところ、目醒めではなく宇宙人の話のほうに興味を持たれた人が多く集まったようでした。

その状態で、次の動画からもいつもどおりに目醒めの話をしたら、エネルギーが硬かった。僕がしたい話がまっすぐに届かないというか、フォロワーさんとのつながりに硬さを感じたのです。

そこで僕は敢えて、さらに自分を解放しました。僕が表現したい目醒めのことをドーンッと話しました。そうしたら「あれ？　宇宙人の話をエンターテインメントっぽく聞きたかったのに？」「期待していたのと違ったかも？」と感じた一部の人は自然に離れていって、最終的に目醒めを大切にしたい方々とのつながりに戻りました。

そのとき、YouTubeやSNSはファミリーたちとの大事な待ち合わせ場所になるのだなとあらためて感じました。

もちろんそこで離れていった方々が邪魔だったとか、そういったことではありません。だけどYouTubeを見るには、一定量の時間を使うことになります。僕がもし自分の本心を隠してみんなに好かれようとしていたら、「このチャンネル、私のイメージと違ったな」と視聴者さんが気づくまでに余分な時間がかかります。そういうのは、人の時間を尊重できていないと感じるんです。

だったら自分のことをさらけ出して、はっきりと僕の電波を表すほうが、みんなの時間を大切にすることになると思うんです。強引な広告を打ったり、誰にでも好かれようと本心を隠したりすることは、ときに人の時間を大切にしない行為になる気がします。

フォロワーさんの数とか、再生回数とか、そういううわべの数字は、今後は本当に役に立たなくなっていきます。SNS集客のアドバイザーのような方がいると聞いたことがあります。それが無駄というのではありませんが、「うわべの数字は、実は本質ではなかった」と気づく人がだんだん増えてくれば、数字の価値は低くなっていきます。

僕は、うわべの数字は追いません。だって、数字を気にするよりもファミリーとの時間を大事にしたいし、YouTubeはみんなとの待ち合わせ場所なのだから、純粋なエネルギー

**をさらに磨きたいのです。**

数字がものをいう時代は、確かにありました。それに助けられてきた人もおおぜいいるでしょう。けれど、これからはファミリーとの深いつながりのほうがもっと大切になるだろうなと感じています。

「ありのままでつながれる人がいる。自分はいるべきところにいる」という心地よさを、僕はとてもうれしいです。

## 待ち合わせ場所からリアルにつながる場所へ

実は僕の中で、自分の夢や目標は、ひととおりやり切った感があります。ありがたいことに、10代の頃に描いた夢はすべて叶ったからです。なので、この2年くらいは、素敵な方とお会いしてご縁を深めたり、ファミリーとつながったりすることを楽しんでいます。

そうしているうち、**「僕1人ではやろうとも思わないけれども、ファミリーと一緒ならやってみたいアイデア」ってたくさんあるなぁと気づき始めました。**

SNSもこの先は、今のようなネットの世界だけで完結するツールではなくなっていきます。そこでのご縁をきっかけとして、リアルな体験を新たに生み出す入り口になっていくでしょう。

だんだんみんな、SNSの外側の世界に出ていこうとするということです。少なくとも、フォロワー数、いいね数、再生回数などが評価される時代はもうすぐ終わります。

**数字に代わって注目されるようになるのは、「ファミリーたちと出会うことで生み出される体験や気づきや成長」の質です。質が大事なのであって、大きいか小さいかは問題にはなりません。**

たとえば、ファミリーたちでときどき集まって、学校みたいなリアルな学びの場をつくることもあるかもしれません。一緒に畑づくりをしようとなるかもしれません。形はどうであれ、SNSのタイムラインを読むだけでなく、リアルな体験が生まれたり、共につながることで新しい成長や気づきが生まれる。そういう場で、深いつながりのファミリーたちが共鳴したときに、何が生まれるのか、どんな成長や学びがあるのか、とても楽しみではありませんんか。

できることはきっと無限大です。

何をやるとしても、ファミリーと共鳴し合って一緒につくりあげていく創造物は、柔らかなエネルギーとオリジナリティーにあふれたものになっていくことでしょう。

## 個と個が「好き」で共鳴してつながり合っていく

会社も、コミュニティーの1つです。

個人が就職を決めるとき、これまでの時代では「何をやりたいか」以前に、「有名企業だから」「給料がいいから」「大企業だから潰れなさそう」みたいな条件を優先して決めていた人も多かったように思います。企業側も、今いる社員たちと似たような学歴の人を採用して、同じような背景の人たちを集めて組織をつくっていた時代がありました。

**これからは、その会社はどんな美しいビジョンを持っているかとか、どんなエネルギーの人が集まってお仕事をしているかとか、そういうところを見て就職先を決める人が増えていくでしょう。**

その結果として、さまざまな背景、学歴、趣向の人が集まって会社をつくっていきます。一見バラバラな人たちの集まりに見えるけれど、社員みんなが「愛の理念」で共鳴しているコミュニティーになっていくと思うのです。

直感的に、「私はこの会社と合っている」といって会社を決める人も、もちろんいるかもしれません。直感で決めるとは、もう少し丁寧に説明すると、「自分の理念は何か」「自分はどういう生き方をしたいのか」「自分は何をしにこの地球に来たのか」に合った会社を選ぶということです。

さらに、もし会社という組織に所属していたとしても、会社と会社でつながるよりも、個と個が共鳴してつながっていく流れになります。

たとえばこれまでは「〇〇会社の中村です」と自己紹介するのが、この社会で自分が何者かを表す一般的な表現方法でした。でも「〇〇会社の」という部分が、今後はそこまで重要ではなくなっていきます。

お勧めしていたとしても、所属先を表現するよりも、個人的な「好き」のエネルギーを介して社会や人とつながるほうが自然になっていくということです。

「〇〇会社の中村さん」ではなくて、「このお仕事が好きな中村さん」として自分を表現し、つながりをつくっていく。そんな世界になるのであれば、まずはあなたが何を好きかが大切になるのは、いうまでもありません。

そういうふうに自分を表現していくことに、苦手意識がある方もいるかもしれません。

ただ、未来的な話をすれば、自分の好きを表現するのは、ナチュラルな呼吸のようなものになっていきます。みんなが当たり前のように自分をさらけ出していくのが、自然かつ幸せなことになっていくことでしょう。

どこかの企業の会社員として生きるのではなくて、自分として生きることが大前提の社会になっていく。誰もが、ありのままの自分で生きていける世界になっていくということです。

## 村と村が優しくつながり、地球上の天国として発展する

さらにその先の時代になると、どうなるでしょうか。

僕たちはこれまでの時代では、国単位とか、業界単位とか、大きなコミュニティーによる支配構造の中で生きてきました。いってみれば、統治されていたのです。なので、国とか業界とかの母体が揺れると、その影響を受けやすかったのです。

しかし、村のような小さな愛のコミュニティーは、世の中の大きな流れの影響をそこまで直接的には受けません。愛でつながった身の回りの仲間たちと、長所を活かし合い、支

え合うことが可能なんです。自分たちにとって心地いい循環の中で生きることができるようになるのです。**そんな村どうしが、やがてつながり始める時代に入っていきます。といっても、それで大きな町になるのではなくて、分かち合う仲間が増える感覚です。**

たとえば、お米づくりの得意なコミュニティーがあるとします。「今度一緒に楽しいことをしましょうか」という感じのご縁で、お料理上手な人たちのコミュニティーとつながるのは自然な流れです。あるいは「お互いが大切にしている想い（愛のビジョン）が近いですね」と、AIに関するプロフェッショナルなコミュニティーとつながるような意外な流れもあるかもしれません。

2028年を過ぎると、そういった愛のエネルギーで満ちた小さなコミュニティーの文化が、だんだんと社会のベースになっていきます。

それにともなって、これまでの時代の古い社会システムは、だんだんフェードアウトしていきます。これからの時代、たくさんの小さな村が愛でつながり合う世界は、地球上の天国として豊かに幸せに発展していきます。

CHAPTER

# 5

# すべては目醒めのために

## その選択は目醒めにつながっていますか

地球に天国を創っていく。好きなお仕事でお金を受け取っていく。そのために必要なお金やお仕事の本質をテーマにここまでお伝えしてきました。

たった3つの大切なポイントをおさらいしておきましょう。

1 自分が好きなことをする

2 その現実的な部分ともしっかり向き合う

3 その経験を通して目を醒ましていく

ときにアトランティス的な現実強さを取り入れる大切さについてもお話ししてきましたが、それは現実をよくするため、現実で成功者になるために使うものではありません。すべては目を醒ましていくための知恵です。

もしあなたが、目を醒ます生き方をもっと極めていきたいなら、自分が好きと感じることを選ぶときに、「自分の目醒めを促すものかどうか」という視点も使って選んでみてください。

好きなお仕事をしていく中でも、お仕事以外の場面でも同様ですが、人生ではさまざまな選択の場面に遭遇します。

たとえば、僕はお仕事の依頼をいただいたときに、どれもありがたく受け取るのですが、すべてをお受けしているわけではありません。「この経験は僕の目醒めに最善の道かな?」と僕は自分に必ず聞いて、しっくりこないものは見送らせていただいています。

何でもチャレンジしたほうが、目醒めが発展しそうに思うかもしれません。でも違和感を覚えるものまで受け取っていると、だんだん100パーセント自分の魂と一致した生き方から逸れてしまうんです。

目を醒ましていくうえでいちばん大切なのは、本当に自分がしっくりきたことを選ぶこと。妥協したものを選んでいたら、目醒めも、統合も、中途半端になってしまいます。

僕は、現実的に条件がいいお仕事でもしっくりこなければお断りするし、逆に現実的にメリットが少なくても、しっくりくればお受けしています。

僕が敏腕社長で、お金儲け第一主義でやっていたなら、「そんなの無駄！　やらなくていい！」といいそうなことでもたくさんやっています。

自分にとってその経験が必要かどうか。

それはあなたが純粋にワクワクするかどうかでわかります。**ワクワクを感じることをやっていれば、自然と豊かさにつながっていくし、目醒めも加速していきます。**

僕は何より目醒めを優先しているので、そんな生き方がベストなのです。

## お金もお仕事も目を醒ましていくためのツール

お金もお仕事も、僕たちが目を醒ましていくため、地球に天国を創るための大切なツールです。いちばん大事なのは、「自分自身がどう在るか」。目を醒ましていくという在り方でいることが、僕にとっては、いつだって最優先です。そういうスタンスでいれば、現実世界は僕にどう変化して、どう成長したらいいのかを、たくさん教えてくれます。

僕はワークショップを開催したり、YouTubeの動画を録ったりする前に、統合のワークをしています。それは、そのお仕事をうまくいかせるためではありません。その経験を通して僕自身がまた1段階、目を醒ましていくために統合するのです。地球に天国を創る「目醒め人」として生きるのであれば、このスタンスを忘れないでください。

最初は目を醒ましていくためにやっていたとしても、だんだんと利益を得るほうに偏っていって、魂の望む経験から離れてしまうことはよくあります。もし、目醒めのスタンスから離れていると感じたら、「何のためにそれをしているのかな？」「目を醒ます方向に進んでいるかな？」と自分に問いかけてみてください。

現実の豊かさを追求したいのであれば、それでもいいです。ただ、それは眠った意識のままでもできます。それなりに向いていることであれば、努力と根性があれば、うまくいくからです。でも、努力と根性ばかりの苦しい在り方には、「ごちそうさま」をしたのですよね。目を醒ますことを本気で決めたのなら、ハイヤーセルフであるあなた本来の在り方に戻っていきましょう。

この本ではお金とお仕事にフォーカスしていますが、お金とお仕事だけを大事にしても本当の意味では幸せにはなれません。本当の幸せは、お金もお仕事も人間関係も健康も、すべてが手をつないで成り立つものだからです。

僕も子どもの頃には、「バスケだけできればいいんだ」みたいに思っていたことがあります。でも、家でくつろぐ時間や、友だちととりとめのない話をする時間、食事をする時間、すべてが大切だったと今はわかります。

**お金やお仕事にまったくつながっていないように見えることも、全部つながっています。自分全体が幸せにならないと、本当の幸せにも、目醒めにもつながりません。**

僕たちは自分ですべての幸せをつくり出すことができます。その能力があるのを、長い眠りの歴史の中で忘れてしまっているのです。

幸せや自由や心地よさを感じるのは、すべて自分の内側です。自分の外にいろんなものがあるように見えるけれど、それらの存在を感じているのは、実は自分の内側。だから幸せで在るためには、内側に意識を向けることが何より大切です。

最後に、僕がこれから地球に天国を創る方たちとの大冒険にワクワクしながら想いを馳せていたときに、セラピス・ベイというアセンデッドマスターが伝えてきたメッセージをシェアさせてください。

## セラピス・ベイのメッセージ

すべては自分の中から生まれているならば、
自分の内面を高める以上に天国を創造するためのことはない。

あなたが真実のあなたに目醒めるほどに、愛の循環も大きくなる。
創造の源があなたであるならば、光を増すことで
あなたから生み出されるすべてのもののクオリティーが上がっていく。

いちばんの投資は何かというなら、
それはあなたがあなたの魂の声を聞く時間を持つこと。
そしてそれを行動にすること。
その中で気づく制限を手放し、さらに目醒めの輝きを増すこと。
この繰り返しです。

そのとおりだと思います。目に映る世界は、自分の内側の反映です。外で起こることは、実は自分の中で起こっていることです。

自分自身との関係性を大事にできていない状態では、豊かさも、好きなお仕事も、ファミリーのような人たちとのつながりも体験することはできません。**地球に天国を創ることを楽しんでいきたいなら、目を醒まし、ハイヤーセルフとしての無限の可能性を思い出して、自分の中を天国にしていくことが大切です。**

あなたは今、何パーセントの濃度の自分を生きていますか？　自分濃度100パーセントで生きていくのは、目を醒ましていくうえでとても大事です。

どうぞ自分をしっかり見つめて、自分の可能性を制限せず、妥協せずに輝いてください。ありのままの自分を生きる強さを大切にしてください。

## 地球に天国を創るのは何のため？

**「この地球に天国を創る」というフレーズに惹かれるとしたら、それはあなたが、自分自身と向き合って目を醒ましていくという設定を、地球に天国を創る道の中に用意している**

**からです。**

地球に自分なりの天国を創ることではなくて、目を醒ますことが本当の目的です。目を醒ましていく道を歩いている人にしか、本当の天国を創ることはできません。

今すぐではありませんが、やがてお金というシステムがなくなる時代が来るかもしれません。お仕事についても、好きなことをしているだけでいい時代がやって来ます。でも、目を醒ますことを選んだ目醒め人たちにとって、「自分はどう生きるか」という魂の理念がいらなくなることはありません。

すべての創造主は自分です。自分の内面をクリアにして、自分が納得したことをやって、それによって創造されるものは、自分の想像をはるかに超えるような素敵な経験につながるでしょう。

自分濃度100パーセントのみなさんの輝きを、地球の天国で目撃することを僕は楽しみにしています。自分自身の目醒めを大切にしながら、地球に天国を創る道を楽しんでいきましょう。

WORK

# アトランティスのエネルギーで統合を行う

何かにチャレンジをするとき、新しいビジョンを持ったとき、波動の高さだけではなく、太さ、強さも大事だと最初にお伝えしました。それを拡張させるときは覚悟を持って行動することが必要になります。

ただ、不安や恐怖が出たりして、自らブレーキをかけることがあるのです。逆にいえば、そのブレーキがあったから、僕たちは長きにわたり眠って生きることができました。でもあなたが目醒めていくならば、もうそのブレーキを外すときが来ています。

アトランティスのエネルギーを使った、ネガティブな周波数を外すワークをお伝えします。アトランティス人も実際に使っていた方法を現代版にした、統合の方法です。

このワークを行うと、ハイヤーセルフ、頭、のど、ハート、下腹部、古い

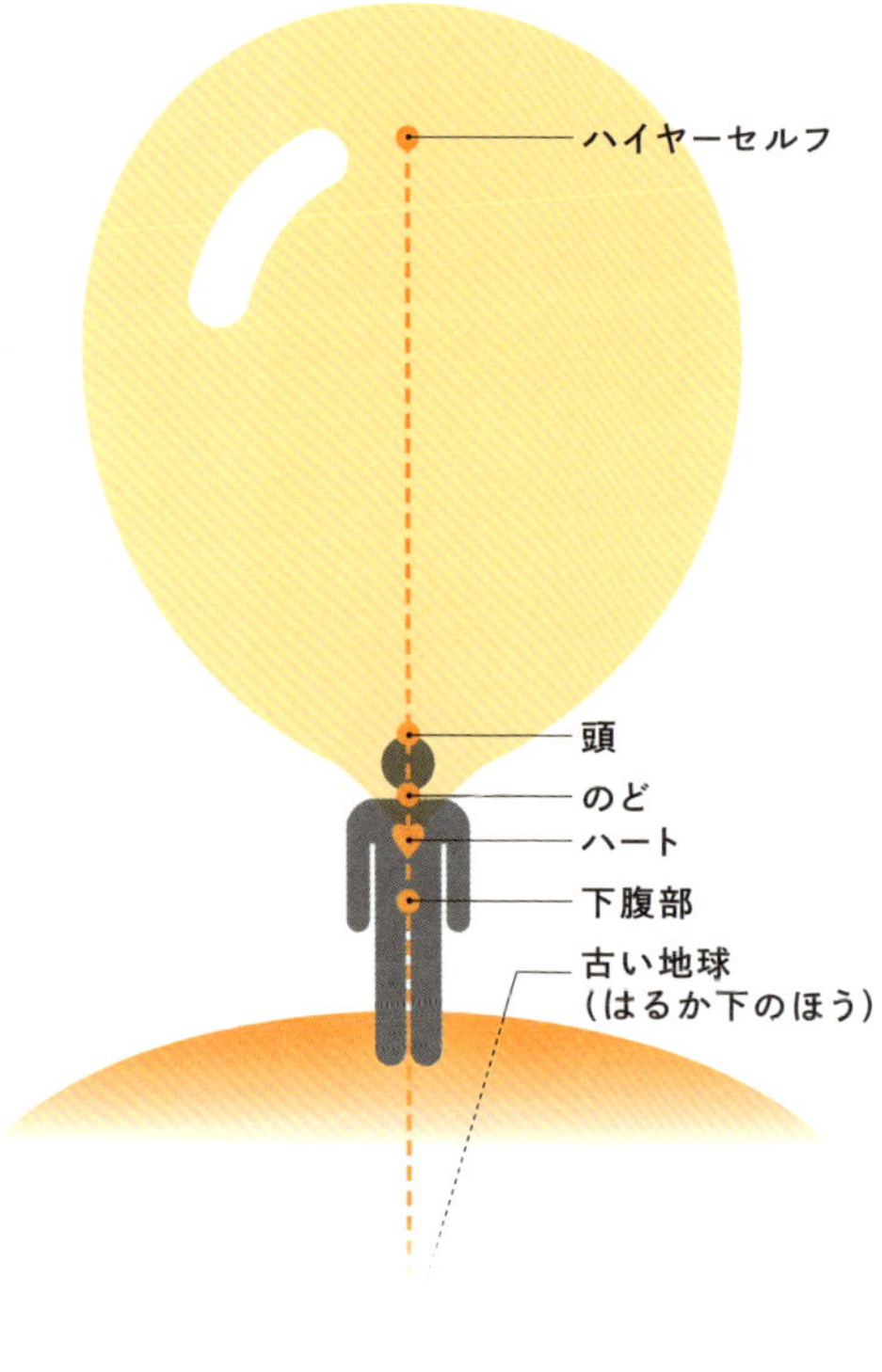

地球、という垂直な縦のラインに、アトランティス人が使っていたエメラルドグリーンの浄化の炎がガチッと設置されます。すると僕がよくいう「100の位置」に立った状態になります。

100の位置は統合が起こる磁場です。どんなネガティブな周波数が出てきても、浄化の炎でクリアリングすることができます。そうしてあなたの意識は、無限の可能性といえる本来のエネルギーに戻っていきます。

ワークは、「この制限、周波数を外し、無限の可能性に目醒めていく」と認めてから行いましょう。

## 1 両手のひらの六芒星《ろくぼうせい》をイメージする

あなたの両方の手のひらに、それぞれクリスタルとアトランティスソルト(アトランティス特有の塩のことだと理解し、塩をイメージすればOKです)が粉になって混ざってできた六芒星が描かれています。

## 2 自分を変えるエメラルドグリーンの炎をイメージする

手のひらを上下に合わせます。どちらの手が上でもかまいません。合わせた手のひらの間からエメラルドグリーンの炎がワーッと出てきます。この炎は、あなたを本来の姿に戻したり、自分の望む形に変換するエネルギーです。

## 3 ハートの中のネガティブな周波数を燃やす

エメラルドグリーンの炎をハートの中にしまいましょう。そして、そのときに使っているネガティブな周波数をどんどん燃やしていきます。どんな怒りか、どんな恐怖かなど追及しなくていいので、「私が今、使っているネガティブな周波数」として重たくて硬い鉄球をイメージして、どんどんハートの中で燃やしてください。

## 4 体じゅうのネガティブな周波数を燃やす

ハートの中の鉄球を燃やし切ったら、今度は体の中を見ていきます。のど、頭、下腹部、古い地球……と順番に浄化していきます。❷の炎をコピーすると意図して、浄化する位置を順に移動させていきます。

◎まず、のどにコピーした炎を入れます。するとのどから重たくて硬い鉄球がゴロゴロと出てきて燃やされます。
◎次は、頭に炎を入れます。すると頭の中に詰まった古い情報が、重たくて硬い鉄球となってゴロゴロ出てきて燃やされます。
◎同じように、下腹部にも炎を入れます。下腹部には過去世に精通する古い情報が多く刻まれています。それが重たくて硬い鉄球となってゴロゴロ出てきて燃やされます。
◎最後は、自分のはるか下のほうに見える、古い地球にも炎を入れます。自分の意識が眠っていた時代の地球です。その地球で経験してきた、制限という周波数が重くて硬い鉄球となってゴロゴロ出てきて燃やされます。
◎燃やされた鉄球は、キラキラした光の球になってあなたの頭上に輝いています。それをハイヤーセルフに戻しましょう。ハイヤーセルフがあなたの統合により協力してくれます。

## 5 内なる宇宙に覚悟を伝える

「私には無理」といった自己否定、自信のなさ……。そうした周波数を少しでも外せたなと思ったら、自分の内なる宇宙に「私はこうしていきます」と明確に伝えてください。「自分が好きな〇〇をお仕事に選びました。そのお仕事の中では、現実的に大事なことにもしっかり向き合います。その経験を通して目醒めていきます」のように、自分の内側の宇宙に響かせてみてください。

## ❻宇宙の根源から返ってきた光をハートで受け取る

宇宙は無限に広いのですが、端っこのほうにいくと「源」という宇宙の根源があります。その根元まで、❺で響かせたあなたの内なる声が伝わっていきます。そしてそこで跳ね返って、何億倍、何兆倍もの光となってあなたに戻ってきます。その光をハートいっぱいに受け取ってください。ハートの中では収まりきらず、体のすみずみまで光が広がり、体の中からもあふれ出して、あなたが見ている現実のすべてを照らし出します。

最後に、自分の体をストレッチしたり、さすったりして、その光のエネルギーを馴染ませたらおしまいです。

3次元の物質世界では、僕たちは硬い意識を使っていました。だからこれまでの僕たちがつくった現実は、必要以上に硬い成り立ち方をしています。

それを、源からやって来る柔らかくまばゆい光で照らすと、この現実世界のエネルギーの状態が柔らかくなり、波動も高くなっていきます。そのエネルギーで、この地球に天国を創っていきましょう。

僕たち地球人は、もう何世紀にもわたって制限という周波数を使ってきました。だからいろいろな場面で、この制限は顔を出します。

**制限に対して見て見ぬふりをしていると、好きなお仕事に邁進していこうとしても、あなたのハイヤーセルフのエネルギーがまっすぐ現実に届かずに、お仕事が中途半端になってしまうことがあります。**「制限を手放して、目を醒ます」ことは、地球に天国を創造するなら、誰にとっても必要になるでしょう。

僕たちは、制限を外すほどに目を醒まし、ハイヤーセルフの意識へと一体化していくのです。

# おわりに

あなたの描く天国のような人生
誰かが描く天国のような社会

それぞれのアートが合わさって
地球という場所は　天国のような惑星に生まれ変わっていく

そのアートに参加するには　意識の目醒めが大切なチケットになる
あなたのハートから来る「いちばん」を選び
愛を大切に行動していくところから始まる

そして自分の内側を天国にしていかなければ
現実に天国を描くこともできない

自分が幸せを感じられる
「豊かな意識」に成長することと向き合うからこそ
人は目醒め　地球に天国を描くんだ

この本はそろそろ終わるけれど　これが僕なりのみなさんへのエール

あなたという素敵さあふれる存在が
どんな天国を地球に創るのか
今日も地球の片隅で楽しみにしているね

人生という下書きのないアートの時間
思いっきり「魂が震える遊び」をしよう！

本という言葉だけの世界で
あなたという偉大な存在に出会えたことを
僕の地球での宝物の1つにさせてもらうね！

ありがとう!

## 中村 咲太 （なかむら しょうた）

チャネラー。神奈川県生まれ。幼少期からスピリチュアルな感性を持ち合わせ、ナチュラルにチャネリングをしながら生活する。肉体でUFOに乗るなどスピリチュアルなシチュエーションを体験しながら大人に。スピリチュアルカウンセラーとしてデビューし、その後はワークショップや講演会、世界のパワースポットを巡るリトリートなど開催。2023年「NPO法人 風の時代学校」を設立し、オンラインサロンとフリースクールをオープン。自分本来の可能性を思い出し、「宇宙そのものの自分」で人生をデザインする生き方を発信中。著書に『誰でもできるチャネリング』『僕が宇宙の仲間に聞いたこと』(以上、KADOKAWA)、『眠れぬ夜に目醒めのお話を…』(Clover出版)。

**YouTube【宇宙くんの手紙】中村咲太**
@uchu-kun

**Instagram**
@uchu_kun__shota

# 好《す》きな仕事《しごと》で
# お金《かね》を受《う》け取《と》る冒険《ぼうけん》の書《しょ》

## 宇宙《うちゅう》がドン引《び》きするくらい素敵《すてき》に生《い》きてもいいじゃんか！

2024年12月18日　初版発行

著　中村《なかむら》 咲《しょう》太《た》

発行者　山下 直久

発行　株式会社KADOKAWA
〒102-8177　東京都千代田区富士見2-13-3
電話　0570-002-301（ナビダイヤル）

印刷所　TOPPANクロレ株式会社

製本所　TOPPANクロレ株式会社



●お問い合わせ
https://www.kadokawa.co.jp/（「お問い合わせ」へお進みください）
※内容によっては、お答えできない場合があります。
※サポートは日本国内のみとさせていただきます。
※Japanese text only

定価はカバーに表示してあります。

ISBN 978-4-04-607203-0　C0095